CENTRE FOR PENTECOSTAL THEOLOGY
NATIVE NORTH AMERICAN CONTEXTUAL
MOVEMENT SERIES

Consulting Editor
Corky Alexander

Humo Sagrado
El Uso Contextual del Ritual y
la Ceremonia Indígena Americana

HUMO SAGRADO

EL USO CONTEXTUAL DEL RITUAL Y LA CEREMONIA INDÍGENA AMERICANA

CASEY CHURCH

Cherohala Press
Cleveland, Tennessee

Humo Sagrado
El Uso Contextual del Ritual y la Ceremonia Indígena Americana

Centre for Pentecostal Theology Native North American Contextual Movement Series

Published by Cherohala Press
900 Walker ST NE
Cleveland, TN 37311
USA
email: cptpress@pentecostaltheology.org
website: www.cptpress.com

ISBN-13: 978-1-935931-959

Copyright © 2020 Cherohala Press

Cover Photo by Richard Church, Copyright© 2017 Richard Church

All rights reserved. No part of this book may be reproduced or transmitted in any form or by any means, electronic or mechanical, including photocopying, recording, or by any information storage or retrieval system, without permission in writing from the publisher. For information, contact us at Cherohala Press, 900 Walker ST NE, Cleveland, TN 37311, or online at www.cptpress.com.

Available at special quantity discounts when purchased in bulk by bookstores, organizations, and special-interest groups.
For more information, please e-mail cptpress@pentecostaltheology.org.

DEDICACIÓN
A mi madre y padre
Mary B. Church-Stevens-Pokagon, Banda Pokagon de Potawatomi
Y
Leonard Henry Church, Banda Nottawasippi de Potawatomi

CONTENIDO

Agradecimientos xii
Lista de Tablas xiii
Abreviaciones xiv

Introducción 1
Wiconi International- El legado de Richard Twiss 1
    Cómo ocurre la transición a un ministerio contextual 5
    Llevando la contextualización al futuro 7
    Innovaciones e influencia 9
    Conclusión 10

Capítulo 1
El proceso ritual y cambio—Mi historia personal 13
    Una travesía por el ministerio contextual 14
    Un llamado poderoso de Dios 15
    Mi encuentro con Richard Twiss 18
    Retradicionalizando los rituales y ceremonias 21
    Más cambios por delante 22

Capítulo 2
¿Podríamos mejorar la forma de realizar el ministerio nativo? 23
    Trasfondo del estudio 23
    El Programa de tratamiento del alcohol de los Hermanos en Cristo Vencedores 24
    Campamento Familiar Wiconi/Ministerio Powwow en memoria a Richard Twiss 25
    El contexto histórico del ministerio a los nativos americanos 27
    Transición, cambio, y liminalidad 30
    ¿Realmente existe un problema? 34

Capítulo 3
Reseña histórica de la transición y el cambio 37
    Victor Turner y el proceso ritual 37
    Estudios liminales en ministerios cristianos 39
    Proceso ritual y cambio 40

Capítulo 4
Los Vencedores: El Programa de tratamiento del alcohol de los Hermanos en Cristo (BICO) 43
 ¿Por qué BICO es diferente que la mayoría de ministerios del estilo occidental?..44
 El Programa de tratamiento del alcohol BICO como un rito de paso..50
 La integración de ritual y ceremonia nativa 52

Capítulo 5
El Campamento Familiar/Powwow Wiconi........................55
 La estructura del Campamento Familiar Wiconi........56
 La estrategia del ministerio de campamento familiar 59
 Un laboratorio vivo de ministerio contextual..............60
 Rituales contextualizados de oración que usan incienso: Humo Sagrado..65
 La contextualización de prácticas nativas sociales y espirituales..68
 Sondeo del impacto espiritual del Campamento Familiar/Powwow Wiconi 74
 El Tema de ritos de paso en el Campamento Familiar Wiconi..77

Capítulo 6
Análisis y comparación de los ministerios BICO y Wiconi: Temas y proceso ritual 81
 La ceremonia de la casa de sudor 83
 La ceremonia de la pipa..86
 Danzas de powwow..90
 Cantando con el tambor..93
 El ritual de Smudging..95
 Conclusión..99

Capítulo 7
La fase liminal de transición en los Ritos de Paso: El Programa de tratamiento del alcohol BICO 101
 La fase liminal 101
 La liminalidad y la contextualización................103

Capítulo 8
Realidades actuales y el trabajo de adaptación para el futuro:
El miedo versus la fe para entrar a lo desconocido 109
    La difusión de la innovación en ministerios nativos 111
    Agentes de innovación y cambio 113

Conclusión
Wiconi en transición: El proceso de la liminalidad 117
    Creando un equipo en la liminalidad 119
    Liderazgo para la fase liminal del cambio 120

Glosario 125
Apéndice: La historia de Wiconi International 129
Bibliografía 133

AGRADECIMIENTOS

Me gustaría expresar mi gratitud a la Misión Navajo de los Hermanos en Cristo en Bloomfield, New México, a su Programa de tratamiento del alcohol Vencedores y personal por participar en mi estudio. También agradezco a los varios clientes anónimos y otros participantes que llenaron las encuestas y ofrecieron sus aportes, igualmente a las personas que participaron en las entrevistas personales y grupales.

La investigación no podría haber concluido sin la ayuda de mis instructores, Sherwood y Judith Lingenfelter. Aprecio su dirección y ánimo. Me orientaron a 'verme a mí mismo como un líder' y me animaron a desarrollar mis habilidades para el liderazgo.

Mi agradecimiento especial va a los muchos asistentes del Campamento Familiar de Wiconi International quienes me ayudaron respondiendo a la encuesta. Además me gustaría decir un *Migwetch* (gracias) a Ray y Sue Martell por editar este manuscrito.

LISTA DE TABLAS

Tabla 1
La influencia del ritual para los participantes de BICO y WFC
Tabla 2
La estructura del rito de paso en al Programa de tratamiento del alcohol BICO

LISTA DE ABREVIACIONES
(SILGAS EN INGLÉS)

BICO	Hermanos en Cristo Vencedores
MN1V	Muchas Naciones, Una Voz
MPIMi	Gente Internacional
NAIITS	Instituto Norteamericano para Estudios Teológicos Indígenas: Una Comunidad de Aprendizaje Indígena
UMC	Iglesia Metodista Unida
WFC	Campamento Familiar Wiconi

INTRODUCCIÓN

WICONI INTERNATIONAL – EL LEGADO DE RICHARD TWISS

¿Cómo empezamos a entender el cambio y la transición dentro del mundo de los nativos americanos? Desde 1492 el mundo de los nativos americanos ha encontrado cambios radicales causados por muchas fuerzas externas. A un mundo algo estable de los nativos americanos llegaron unos desconocidos listos para asentarse en la tierra con formas *muy* extrañas y también con armas muy extrañas. Al principio los nativos americanos vivían entre los recién llegados, pero pronto las enfermedades que trajeron los colonos se propagaron rápidamente por toda Norteamérica. Se estima que hasta el 90% de los habitantes originales del Nuevo Mundo sucumbieron a causa de la enfermedad. En esos años de primer contacto hubo guerra entre los nativos y los colonos por la tierra valiosa y deseada para levantar nuevas colonias blancas. En tiempos más recientes una gran cantidad de gente nativa fue desalojada a la fuerza de su tierra y trasladadas a otras tierras llamadas de "reserva." El trauma por la pérdida del territorio tradicional se intensificó con la introducción de escuelas internadas. Las escuelas pretendieron eliminar la cultura propia de las personas nativas. Un lema creado en ese momento por el Col. Richard Pratt, el diseñador de la Escuela Carlisle para Indios, fue, 'Mata al Indio, salva al hombre.'[1]

El Decreto de Reubicación de los Indios de 1956 agravó más la situación, pues se trasladó a miles de nativos americanos de sus reservas a las ciudades con la oferta de empleo y vivienda. El programa fue un fracaso miserable. El cambio y transición han sido

---

[1] Richard H. Pratt, 'The Official Report of the Nineteenth Annual Conference of Charities and Corrections, 1892', Reprinted in *The Advantages of Mingling Indians with Whites, Americanizing the American Indians: Writings by the Friends of the Indian 1880-1900* (Cambridge, MA: Harvard University Press, 1973), pp. 46-59

un estilo de vida para los pueblos nativos de las Américas, así del Norte como del Sur, al igual que para todos los pueblos indígenas del mundo.

El trabajo misionero entre nativos americanos ha tenido lugar en gran parte en las reservas donde que la mayoría de la gente nativa viven. Pero, según el Censo de Estados Unidos del año 2010, solo el 22% de las personas que se identifican como nativo americano, nativo de Alaska, o 'nativo de raza múltiple' viven en 'zonas de nativos americanos' (territorio de reserva, territorio tradicional, etc.). Los que viven 'fuera de la zonas nativas' (urbanas y rurales) son el 78%.[2] A pesar de estas estadísticas, la mayoría del trabajo misionero, tanto de corto como de largo plazo, continúa realizándose en las reservas. A través de la historia cristiana de las misiones a nativos americanos, los estilos de vida y las creencias religiosas tradicionales de los pueblos nativos continuamente han enfrentado críticas, tanto del gobierno como de las organizaciones religiosas.

El ahora difunto Dr. Richard Twiss, cofundador con su esposa Katherine de Wiconi[3] International, un ministerio contextual, traía una nueva visión, esperanza, y cambio significativo a los pueblos de nativos americanos y sus iglesias. En el libro, *Una Iglesia, Muchos Tribus*, Twiss dijo de los nativos americanos: 'Ellos decían que habían sido enseñados por líderes tanto nativos como no-nativos que sus expresiones culturales eran malos y demoniacos y que tenían que rechazarlas'.[4] Estas respuestas a nuestras expresiones culturales han motivado a muchos de nosotros a buscar mejores formas de crear métodos de evangelismo que sean adecuados culturalmente. Los que han intentado nuevos acercamientos se han encontrado con críticas personales y profesionales desde adentro y desde afuera de las denominaciones religiosas. Algunos han cedido a las presiones y han retrocedido de su llamado de Dios. Pero incluso así, Dios ha reservado un remanente de creyentes que están contestando a su invitación de seguir adelante en crear métodos contextuales de ministerio.

---

[2] Richard Twiss, *Rescuing the Gospel from the Cowboys: A Native American Expression of the Jesus Way* (Downers Grove, IL: InterVarsity Press, 2015), p. 252.

[3] Wiconi (Wou-CHO-ni), significa 'vida' en la lengua lakota.

[4] Richard Twiss, *One Church, Many Tribes: Following Jesus the Way God Made You* (Ventura, CA: Regal Books, 2000), p. 1.

Líderes innovadores como Richard Twiss son la razón que el cambio empezó y sigue ocurriendo. Por muchos años ya personas nativas que asisten a iglesias en sus comunidades respetivas están que se comen las uñas porque la forma occidental de 'hacer iglesia' carece de significado para ellos. Se dan cuenta que se tienen que quitar algo de sí mismos para ser considerados creyentes. En cuanto los modelos occidentales de cultos y de alabanza, escribió Twiss:

> … a veces la práctica de rituales [occidentales] se vuelve tan rutinaria que las personas ya no saben el significado del símbolo, ni pueden articular el significado a ellas mismas ni a otros de afuera. Anhelan tener la libertad de manifestarse con expresiones innovadoras creadas desde adentro de sus tradiciones ancestrales. Es como si se conectaran a alguna consciencia colectiva que satisface una necesidad largamente esperada de una conexión especial con su Creador.[5]

Esos valientes innovadores contextuales tienen desean profundamente ver a sus comunidades y miembros de sus familias sintiendo lo que ellos están experimentando espiritualmente. Los cambios y transiciones en sus vidas a veces tienen un costo muy alto – la pérdida de relaciones personales y profesionales. Yo crecí asistiendo a 'reuniones de campamento' en nuestra región cada verano. Estos reavivamientos en carpa solo estuvieron atendidos por los que querían alabar según la tradición occidental. Ellos siguen asistiendo para alimentar sus almas, pero en realidad es una forma muy ineficaz de alcanzar a las muchas personas nativas quienes no se sienten impactadas por estos métodos de evangelismo. Es posible que hagas muchas cosas para Dios, 'Pero si no estás contribuyendo al crecimiento del reino y alcanzando a los que están fuera de la familia de Dios y encaminándolos para ser seguidores de Jesús, entonces más te vale recoger tu carpa e irte a casa'.[6]

Twiss claramente articula la necesidad del cambio:

> … Malcolm McFee hace un intento de medir 'niveles de aculturación' entre los miembros de la tribu india Blackfeet del

---

[5] Twiss, 'Rescuing Theology from the Cowboys' (DMin, Asbury Theological Seminary, 2011), p. 128.

[6] Rick Richardson, *Evangelism Outside the Box: New Ways to Help People Experience the Good News* (Downers Grove, IL: InterVarsity Press, 2009), p. 19.

norte de Montana. Como resultado de su estudio él acuñó la frase, 'el hombre 150%', para describir a una persona que tiene ascendencia mixta. El hombre 150% puede moverse fácilmente y libremente entre su cultura nativa y la blanca para servir eficazmente como intérprete entre las dos y en nombre de las dos.[7]

Como director actual de Wiconi International, tengo que tener la capacidad de servir tanto a mi gente nativa como a los no nativos involucrados en el ministerio. Vivir en los dos mundos me hace un hombre 150% y me da la ventaja y la habilidad de usar mis dones más plenamente para la gloria de Dios. El apóstol Pablo, siendo ciudadano romano y también judío, tenía la libertad de moverse de un lado a otro, entre dos ambientes culturales muy diferentes. Como persona iniciada en cada mundo, Pablo afirmó ser 'todo para todos a fin de salvar a algunos' (I Cor. 9.22).

Cuando mi querido amigo Richard Twiss pasó a mejor vida, Wiconi quedó con la necesidad de un Director que manejara la transición de la organización, o para cerrar sus puertas o continuar en el ministerio. El liderazgo de Wiconi se reunió y decidió que debían continuar como una organización activa. En esa reunión me ofrecí para ayudar y trabajar en la realización del Campamento Familiar en el verano (2013). Hasta ese momento yo había intervenido muy poco durante el proceso de la toma de decisiones, pero en esas circunstancias acepté la responsabilidad de tomar decisiones críticas para organizar el próximo Campamento Familiar.

Así como Richard pasó por un proceso de encontrar su voz de liderazgo, yo tenía que hacer lo mismo. Necesitaba descubrir cómo ser un mejor instrumento para plantear con eficacia los problemas, intencionadamente contar y dar forma a las historias, e inspirar a otros para que creyeran en la visión de los fundadores de Wiconi. Me identifico encarecidamente con el deseo de Richard para construir la organización que él había previsto y en el que había gastado su vida para realizarla. El momento que recibí la visión de Dios, realizarla se convirtió en la prioridad de mi vida. Mis intereses personales ahora habían cedido el paso a los 'órdenes de marchar' recibidas de Dios.

Algunos líderes en mi situación escogen continuar con el statu quo iniciado por los anteriores líderes. Durante periodos de liderazgo transicional, los recién llegados deben moverse dentro de la

---

[7] Twiss, 'Rescuing Theology from the Cowboys', p. 113.

infraestructura de la organización, pero también pueden servir como catalizadores para el cambio. ¿De qué sirve tener visión, o de qué sirven las ideas nuevas, si el líder no puede ayudar a otros a verlas?

Durante toda su vida y ministerio, Richard nos compartía conmigo y con mi esposa Lora su sueño de un 'futuro preferido'. Lo hizo a través de una invitación a trabajar en el Campamento Familiar Wiconi, porque él veía que nosotros personificábamos una familia contextual como tal. Nosotros queremos inspirar y animar a otros para que continúen avanzando el ministerio contextual hacia el futuro.

Mi nueva posición me obligó a mirar detenidamente a cómo encajaría con el personal actual de Wiconi (quienes pronto serían mis amigos) mientras ingresaba yo en una fase de cambio, transición y liminalidad. Mientras yo entraba a las primeras etapas de la transición, consideraba qué aspectos deberían de ser cambiados y cuáles estrategias nuevas serían necesarias. Estaba poniéndome a mí mismo en modo 'construcción.' Yo sabía por mi experiencia en la carpintería que se requiere más esfuerzo para remodelar que para construir algo nuevo. Como un líder nuevo, estaba en una posición para ayudar a crear un nuevo Wiconi. Parte de mi trabajo fue ayudar a guiar Wiconi durante esta etapa de los cambios y transiciones con los cuales nos encontraríamos durante este tiempo liminal.

Desde el principio de mi caminar en el ministerio con Richard, su enfoque innovador para el ministerio nativo me inspiró. No ha sido un camino fácil, pero es el camino que he escogido por mi desilusión con el statu quo en el ministerio nativo.

Richard rompió el molde de las estrategias tradicionales en el ministerio con los nativos americanos y abrazó el concepto de la 'retradicionalización.' La 'Retraditinalización, entonces, es el entendimiento cada vez mayor de una dependencia sobre creencias, costumbres, y rituales culturales como un medio de superar los problemas y lograr la autodeterminación de los indios.'[8]

Cómo ocurre la transición a un ministerio contextual

La transición a un ministerio o estilo organizacional contextual no simplemente 'cae de la nada' – requiere la capacidad especial de

---

[8] Twiss, 'Rescuing Theology from the Cowboys', p. 38.

escuchar bien. 'Escucha desde tu corazón con curiosidad y compasión más allá de juzgar, para entender las fuentes de la angustia de las personas en cuanto a una iniciativa propuesta. No es suficiente decir: 'te escucho', o repetirlo una y otra vez. Intenta 'caminar en sus zapatos' para sentir algo parecido a lo que ellos sienten, y después comenta con ellos lo que has llegado comprender. Por lo menos ten la capacidad para decir con credibilidad, 'Yo veo'.[9] ¿Pero cómo puede alguien de un trasfondo étnico y cultural diferente realizar cambios apropiados para otro pueblo?

Como un iniciado cultural tengo la habilidad de caminar en sus zapatos, ver con sus ojos y sentir con el corazón de un cristiano nativo. La aceptación de métodos del ministerio contextual ha sido un proceso. Como trata en *La Difusión de las Innovaciones* de Everett Rogers, empezó con los innovadores, progresó con los primeros seguidores, y ahora está en la bajada de la curva de campana de Rogers hasta el punto que la mayoría tardía está ingresando en las filas del paradigma de ministerio contextual.[10] Pero este último grupo tiene que ser sensible a la necesidad de ministerios que pueden alcanzar eficazmente a la gente posmoderna. Deben tomar conciencia de que las necesidades percibidas son muy importantes – 'necesidades de pertenencia, relación, comunidad, identidad, espiritualidad y una experiencia del transcendente'.[11] Richard tenía este tipo de sensibilidad y podía entender y ayudar a crear un ministerio *para* nativos *por* nativos (Wiconi International).

Estas necesidades humanas son comunes a todos, pero las necesidades y perspectivas espirituales pueden distinguirse de una cultura a otra. Paul Hiebert observa cómo en algunos pueblos las culturas y religiones tienen vínculos más estrechos que en otros pueblos: 'En culturas tradicionales es difícil demarcar una línea clara entre prácticas religiosas y no-religiosas. En muchas sociedades la religión es un núcleo de la cultura y permea toda la vida.'[12] Muchas

---

[9] R.A. Heifetz, M. Linsky, and A. Grashow, *The Practice of Adaptive Leadership: Tools and Tactics for Changing Your Organization and the World* (Watertown, MA: Harvard Business Review Press, 2013), p. 266.

[10] Everett M. Rogers, *Diffusion of Innovations* (New York: Free Press, 2010), p. 392.

[11] Richardson, *Evangelism Outside the Box*, p. 87.

[12] Paul G. Hiebert and R. Daniel Shaw, *Understanding Folk Religion: A Christian Response to Popular Beliefs and Practices* (Grand Rapids, MI: Baker Publishing Group, 2000), p. 184.

tribus, como mi propia tribu potawatomi, no muestran una división distinta entre lo sagrado (religión) y lo secular (vida diaria). Entonces como un iniciado (investigador) vivo en dos mundos al mismo tiempo.

Este hecho me ha llevado a dar un paso atrás y reflexionar sobre la manera en la cual la investigación ha sido llevada a cabo entre los pueblos nativos a través de los años. Como personas que forman parte de esta realidad, nos resulta difícil tratar a las personas nativas como sujetos de investigación – como simples fuentes de información. Yo soy una persona nativa en un papel de liderazgo, y sostengo amistad tanto con el personal de Wiconi y las personas que asisten el Campamento Familiar, como con el personal y los clientes de los Hermanos en Cristo Vencedores. Para mí este proyecto es algo *personal* y el proceso de la investigación puede volverse muy deshumanizante. Los pueblos nativos hemos sido estudiados por años y años. Cada generación de gente no-nativa quiere saber más sobre los pueblos nativos. La fascinación con pueblos nativos todavía está fuerte y se vuelve aún más fuerte mientras crece el movimiento contextual. Luché para manejar la investigación de este proyecto como datos empíricos puros. Y esto no es un asunto nuevo entre personas indígenas involucradas en investigaciones. Beatrice Medicine, una investigadora nativa, ha escrito sobre estos asuntos en su libro, *Learning to be an Anthropologist and Remaining Native* (Aprendiendo a ser una antropóloga y manteniéndome nativa). Ella dice, 'Las poblaciones nativas están recelosas de las interpretaciones de otros sobre sus comportamientos, aun cuando están tratando con "uno de los suyos"'.[13]

Llevando la contextualización al futuro

Los ritos de paso – el proceso de transición, cambio, y liminalidad – toman lugar dentro de varias situaciones en nuestras vidas. El cambio, la transición, y la liminalidad influyen sobre la capacidad de los individuos y las organizaciones en su avance. Los rituales y las ceremonias nativas usadas de una manera que honra a Cristo (y su

---

[13] Beatrice Medicine and S.E. Jacobs, *Learning to be an Anthropologist and Remaining Native: Selected Writings* (Champaign, IL: University of Illinois Press, 2001), p. 5.

papel en los ritos de paso) pueden ser innovaciones que conducen a la creación de nuevas direcciones en el ministerio.

En la historia de mi vida, siempre me he hecho disponible para estar usado por Dios. Como resultado, la junta directiva de Wiconi me ofreció una posición en el personal como Director del Campamento Familiar Wiconi. Al año siguiente, me invitaron a tomar el cargo de Director de Wiconi. He tenido el privilegio de ser parte de un movimiento contextual creciente formado por una generación de líderes nativoamericanos jóvenes cada vez más decepcionados en sus ministerios por la ineficacia del estilo occidental del cristianismo introducido en nuestra juventud.

Richard Twiss fue el autor de que muchos de nosotros hayamos crecido bastante en el ministerio. Fue justo su liderazgo y visión que dieron la inspiración que el movimiento contextual nativoamericano necesitaba. Aunque no empezó fácilmente, eventualmente Wiconi funcionaba sin problemas y se convirtió en el foco alrededor del cual centrábamos nuestros propios ministerios. Ahora hemos empezado un nuevo capítulo en el ministerio contextual. Con un final, surge un nuevo comienzo. Durante generaciones, los pueblos nativos hemos pasado por muchos desenlaces y muchos comienzos así. Tenemos un dicho nativo que usamos cuando ocurre una transición y nuestras vidas son cambiadas dramáticamente: 'Nuestro círculo se ha roto y necesita sanarse'. Las formas de vida e identidades nativoamericanas están continuamente bajo estrés. Para sobrevivir tenemos que recuperar lo que hemos perdido de nuestro mundo, redefiniendo y reformando que nos queda.

Trabajando desde nuestra estructura misional actual, debemos construir sobre nuestra historia y legado pero también mostrar que somos progresivos además de dispuestos y capaces de enfrentar un futuro nuevo. Necesitamos crear contextos para que el Espíritu Santo pueda despertar en las personas el anhelo espiritual y empezar a ver a Jesús como él que puede satisfacer ese anhelo.[14] Yo creo que descuidar este paso crucial ha sido el elemento faltante en nuestra estrategia evangelística occidental. Necesitamos movernos más hacia el discipulado y el desarrollo espiritual en la estructura de nuestros ministerios nativos. La innovación será parte de crear el 'futuro preferido' para los pueblos nativos.

---

[14] Richardson, *Evangelism Outside the Box*, p. 60.

Innovaciones e Influencia

Existen muchas dinámicas que interactúan en cualquier proceso de cambio y transición. Los clientes en el Programa de tratamiento del alcohol Hermanos en Cristo Vencedores (BICO) también experimentan muchos de los mismos desafíos de transición como Wiconi ha experimentado. En realidad, en la mayoría de las situaciones en la vida el cambio, la transición, y la liminalidad están en ejercicio. El resultado es el progreso. Tanto en los clientes del ministerio BICO como en el personal de Wiconi durante la transición de liderazgo, la intencionalidad para innovar crea un ambiente para construir un futuro nuevo.

Los procesos de cambio y transición por los cuales pasan el programa Vencedores y el ministerio Wiconi están bien ilustrados en el trabajo de Everett Rogers en *La Difusión de las Innovaciones*. Rogers mira cómo un grupo acepta una innovación. La aceptación o el rechazo a cualquier cambio están enraizados, según he observado, en un miedo a lo desconocido.

Aprender de la contextualización en el Campamento Familiar Wiconi les ayuda a individuos que están en su propia fase liminal (zona neutral) de entendimiento cultural.[15] Nosotros que tenemos más experiencia con la contextualización estamos también en una fase liminal en el sentido de que estamos ocupados trabajando dentro del desafío de crear un ambiente único. Cuando las personas están en la fase liminal de su camino en el Campamento Familiar Wiconi, pueden tener la experiencia de estar en medio de un grupo que acepta totalmente la contextualización.

Podemos sacar el jugo de la fase liminal animando a los participantes del Campamento Familiar a que se innoven. También podemos usar este tiempo de transición como un tiempo oportuno para abrazar nuevos métodos dentro de la organización de Wiconi en vez de considerarla sin propósito alguno. Esta etapa nos brinda la capacidad de ser originales y explorar posibilidades nunca antes intentadas.

---

[15] Alan Roxburgh, *The Missionary Congregation, Leadership, and Liminality* (New York: Bloomsbury Academic, 1997), p. 27.

Conclusión

Dios me ha abierto una puerta para entrar el ministerio a tiempo completo con Wiconi y ha provisto los recursos para llevar a cabo su obra. Se supone que cuando a una persona se le presenta una oportunidad similar que la aceptaría inmediatamente. Yo pensé que lo haría, pero me tomé el tiempo necesario para tomar una decisión sabia (y grande). Lora y yo consideramos el ofrecimiento de liderazgo en Wiconi con mucha reflexión y oración.

Existen individuos con muchos trasfondos, de diferentes estatus sociales y etnias que trabajan por el Señor. Todos y todas, cada uno de manera especial, han sentido el llamado de Dios en sus vidas. He tenido la oportunidad de conocer a muchos de los obreros y las obreras del Señor y estoy convencido de que a Dios verdaderamente le encanta la diversidad— ¡así que estoy en buena compañía!

Nuestras historias personales nos forman y nos hacen distintos a cada uno y con ella nuestros llamados al ministerio toman formas diversas. Cada uno de nosotros conocemos a Jesús desde la profundidad de nuestros corazones y queremos servirle completamente con todo el corazón. Dios da los dones de evangelismo, la enseñanza, y la predicación y – ¡hasta los da a este carpintero contratado como es el nuevo director de Wiconi!

Los inicios son parte del proceso que he estado trabajando hasta ahora. Para mí, incluye los rituales y las ceremonias – o los Ritos de Paso. El liderazgo don Wiconi no fue algo que yo había pensado hacer desde antes, sino fue algo para lo cual fui preparado por todas mis situaciones y circunstancias de vida anteriores. Empezar este nuevo camino de liderazgo es solo otro fin/comienzo, zona neutral/fase liminal, y comienzo/fin en lo cual estoy preparado a entrar. Bridges explica sobre los comienzos y los principios así:

> Los comienzos toman lugar según un horario como resultado de ciertas decisiones, son señalados por anuncios. Los principios, por otro lado, son fases finales de este proceso orgánico que llamamos 'transición' y su hora no está determinada por fechas puestas en un calendario. Los principios siguen la hora de la mente y del corazón.[16]

---

[16] William Bridges, *Transitions: Making Sense of Life's Changes* (Boston, MA: Da Capo Press, 2009), p. 58.

La nueva dirección de mi vida me está provocando hacer una pausa y mirar hacia atrás de forma introspectiva. Ahora las cosas más importantes para mí son: hacer que mis hijos comiencen sus vidas en la dirección correcta, mi vida con Lora mientras el tamaño de nuestra familia se vuelve más pequeño, y mi nueva obra de toda la vida con Wiconi.

Considerando el trabajo ya hecho, creo que mis colegas y yo hemos hecho la obra del Señor a través de crear las bases para el ministerio contextual. Yo (entre otros) ahora estoy convencido de que existe una necesidad de enseñar a otros el 'cómo hacer' el ministerio contextual a través del uso de mi propia experiencia como pastor, el director de Wiconi, y un asesor cultural para el Programa de tratamiento del alcohol Hermanos en Cristo Vencedores además del ejemplo del trabajo iniciado por el Dr. Richard Twiss y su esposa Katherine.

1

El proceso ritual y cambio—Mi historia personal

Yo soy miembro de la banda pokagon de los potawatomi del suroeste de Michigan. Mi nombre potawatomi es *Ankwawango*, que significa 'Agujero en las Nubes'. Soy del clan del Oso por parte de mi madre, (la difunta Mary Church-Pokagon, un miembro de la banda Pokagon de los potawatomi), y del clan de la Grulla por parte de mi padre (el difunto Leonard Church, de la banda Nottawasippi Huron de los potawatomi). Mi esposa Lora (navajo) y yo criamos a cinco hijos en Albuquerque, New Mexico, donde hemos vivido desde el año 2000. Mi camino en el ministerio contextual nativoamericano me ha despertado en mí un deseo de estudiar bajo la enseñanza los ancianos de quienes aprendí muchas de las enseñanzas espirituales tradicionales de mi pueblo anishinaabe de la región de los Grandes Lagos. Tengo mi título de Licenciado de Ciencias en Antropología de Grand Valley State University en Allendale, Michigan, donde estudié la cultura y la religión de los pueblos nativoamericanos. También tengo mi Maestría y Doctorado en Estudios Interculturales del Seminario Teológico de Fuller en Pasadena, California, donde estudié enfoques culturalmente apropiados al quehacer teológico en el contexto nativoamericano (contextualización).

Lora y yo pastoreamos una planta de iglesia nativa en Grand Rapids, Michigan, desde el año 1996 hasta el 2000. En este tiempo ofrecimos uno de los primeros cultos contextualizados en el país. También hemos guiado ministerios nativoamericanos en el suroeste de Estados Unidos, donde seguimos trabajando en el ministerio hasta hoy.

He sido conferencista regional y nacional sobre temas del ministerio nativo. Actualmente, ministro con el Programa de tratamiento del alcohol Hermanos en Cristo Vencedores cerca de Farmington, New Mexico, donde dirijo una ceremonia la de casa de sudor contextual y cristocéntrico y capacito en métodos sobre el ministerio contextual al personal de la misión. He servido como asesor y personal interino para la Junta General de Ministerios Globales de la Oficina de la Iglesia Metodista Unida de Ministerios Nativoamericanos e Indígenas. Soy miembro de la junta directiva de NAIITS, el Instituto Norteamericano para Estudios Teológicos Indígenas: Una Comunidad de Aprendizaje Indígena, y un autor contribuyente para su revista académica y presentador de taller en sus simposios. He servido con Wiconi International por dieciséis años, trabajando con el personal y los colegas de Wiconi para ayudar llevar adelante la organización por transiciones y cambios hacia su futuro.

Anterior a mi cargo como director de Wiconi, me ganaba la vida como carpintero trabajando diez años en Albuquerque como contratista general. Todas las experiencias de mi vida me han preparado para el trabajo que actualmente desempeño. Pero antes de este cambio en mi vida en el ministerio yo era un 'guerrero de fin de semana', como a mí me gusta llamarlo, pues trabajaba a tiempo completo como carpintero y estaba involucrado en el ministerio los fines de semana. Renuncié a mi trabajo secular como carpintero, y ahora trabajo para el carpintero maestro, Jesucristo.

Una travesía en el ministerio contextual

En 1992 tuve una experiencia tan poderosa que dividió mi vida en un 'antes y después'. Mientras terminaba una tarea de inglés en la universidad, escribía sobre mi lucha para entender la separación de los mundos espirituales en mi vida. Lo que estaba experimentando, en ese tiempo, fue el comienzo de algo de lo que luego aprendí que fue llamado 'ministerio contextual'. Resulta que fui emboscado: la combinación de la tarea del curso y la dirección del Espíritu Santo me reveló que *sí* hay una manera de ser completamente nativo *y* completamente cristiano. Todo esto me pasó en un sueño/visión ordenada por Dios que soñé y también lo vi despierto. Sentí que el

Espíritu Santo me decía que yo no ignorara esta revelación, sino que la escuchara, que pensara en lo que acababa de ver, que considerara sus implicaciones, y que permitiera que mi corazón fuera cautivado por la realidad del momento.

Un Llamado poderoso de Dios

En mi sueño/visión vi el desarrollo de una historia de un jovenzuelo embarcándose en su búsqueda de visión[1]. Esta visión empezó con su padre llevándole caminando por cuatro días, para terminar en las orillas del Lago Michigan. El joven había ayunado en preparación para esta experiencia y aunque se debilitaba a la vez se volvía más sensible a la guía del Espíritu Santo. Al llegar a la orilla, el joven y su padre hicieron fuego y construyeron una choza donde esperarían el anochecer, esperando que al dormirse se le concediera un sueño. Mientras miraba fijamente a los colores parpadeantes del fuego, entró en un trance que lo llevó a una tierra muy lejana donde apareció en medio de un grupo de personas hablando un idioma extranjero. Estaban vestidos de ropas que no vio antes en su propia tierra, y los hombres estaban cubiertos de mucho vello facial. Todos miraban hacia un cerro donde tres postes sostenían a tres hombres. Los tres hombres estaban golpeados y ensangrentados, pero el hombre del medio estaba mucho más golpeado que los otros dos y tenía espinas en su cabeza.

El joven estaba muy confundido por lo que estaba viendo. Mientras asimilaba todo, sus ojos encontraron los ojos del hombre que colgaba del poste del medio. En ese momento, cada uno miró profundamente al alma del otro y el joven entendió instantáneamente por qué ese hombre estaba ahí. Con esta revelación, fue llevado de nuevo a las orillas del Lago Michigan y se encontró en la choza con su padre quien lo abrazó fuertemente para que no cayera en el fuego.

El joven, volviendo en sí, descansó mientras su padre cocinó un conejo sobre el fuego y llenaba un plato de madera con agua para que tomara. Cuando ya estuvo listo para compartir su experiencia, preguntó a su padre si podría hacer un ritual que le fue revelado en la visión. Su padres estuvo de acuerdo y el joven, sin conocer nada de

---

[1] Una vigilia solitaria hecha por un joven nativo americano para buscar poder espiritual y aprender a través de una visión la identidad de su espíritu guardián, normalmente un animal o pájaro.

la tradición del cristianismo occidental, tomó un trozo de conejo y el plato hondo de agua y lo levantó hacia el crepúsculo del cielo diciendo, 'Al comer esta carne y beber esta agua, lo hago para recordar lo que estaba haciendo el hombre del poste del medio por nosotros.

Me fueron dados muchos detalles más en este sueño/visión, pero en mi tradición nos enseñan que no se debe compartir la experiencia entera porque si lo haces entonces traicionas tu visión. El resto de mi sueño/visión hizo mucho para iluminar mi entendimiento acerca del ministerio contextual.

Esta revelación propició que mi esposa y yo iniciáramos nuestra travesía por el ministerio contextual a través de la plantación de una iglesia en Grand Rapids, Michigan, a mediados de los años 90. Esta congregación empezó con dos hombres anglos que dirigían un programa de mentores después de horas de la escuela para niños de primaria y los primeros años de secundaria. Uno de ellos era un ex-misionero entre los musulmanes y maestro en la Universidad de Cornerstone en Grand Rapids. El otro fue un estudiante de música de la misma universidad. Su programa estaba creciendo, incluso algunos miembros adultos de sus familias se involucraron. Los dos hombres percibieron un llamado de Dios para expandir este programa como un ministerio cristiano que alcanzara la comunidad. Eventualmente me pidieron ser el pastor de este ministerio, y como resultado de nuestros esfuerzos se convirtió en una plantación de iglesia exitosa. Esta nueva iglesia fue única en el sentido de que al mismo tiempo me sentí guiado a incorporar rituales y ceremonias nativas tradicionales como expresiones auténticas de alabanza y oración cristiana. Resultó uno de los primeros ministerios contextuales en el país. El ministerio se reunía en un local alquilado los martes en la noche y su asistencia giraba alrededor de cincuenta personas.

Por mi uso de prácticas culturales, las otras iglesias de la zona empezaron a prestar atención; algunas apoyaron, otras no tanto, y otras estuvieron completamente en contra de nuestra iniciativa. Con la ayuda de varios amigos y parientes del ministerio analizamos lo que estaba ocurriendo en el ministerio. Ellos afirmaron que lo que hacíamos era correcto a los ojos de Dios y era necesario hacerlo. Cuando abrimos las puertas para el primer culto ya se habían hecho cambios significativos en los enfoques tradicionales de plantar iglesias. Entre las expresiones culturales incorporados estaban el tambor nativo como instrumento musical y el ordenar el espacio del culto con las sillas en forma de un círculo. Me vestía con una camisa de Cintas al estilo nativo y me sentaba al estilo nativo mientras predicaba. Comenzaba el culto con la quema de incienso – lo que llamamos *smudging*, el abanicar el humo de salvia que arde sin llama.

Más allá de estas prácticas, yo dirigía otros servicios relacionados a la iglesia—como funerales, matrimonios, y la Santa Cena—con el uso de la ceremonia sagrada de la pipa nativa. Es un ritual realizado por individuos respetados en una comunidad quienes son considerados como líderes espirituales o chamanes. La Ceremonia de la Pipa se lleva a cabo juntando un plato hondo de pipa con una cánula de pipa y (en mi caso) se pone tabaco en el plato de la pipa lo cual representa las oraciones de los participantes. Se quema el tabaco y el humo que se sube al cielo es un símbolo de las oraciones que se ascienden a los cielos. Como mencioné arriba, unas cincuenta personas asistían al culto. En ese entonces no lo sabíamos, pero éramos uno de los ministerios nativos mejor atendidos en el país. A través de esta iglesia aprendí que a Dios le agradaba nuestra estrategia ministerial y los métodos utilizados como expresiones de nuestra fe cristiana.

Después sentí que Dios me guiaba a tomar otro paso que consistía en incorporar la Ceremonia Nativa de la Casa de Sudor. La casa de sudor en el mundo nativo es un lugar de oración donde se calientan piedras en un fuego y después las ponen en el piso en el centro de una cabaña con forma de bóveda. Entonces se derrama agua sobre las piedras calientes para crear vapor así que hay una limpieza tanto espiritual como física de los participantes.

El siguiente paso en nuestro camino contextual fue incluir las danzas del *powwow* como parte natural de nuestro mundo cristiano nativo. *Powwow* es una forma de danza social la cual tiene lugar generalmente en un anfiteatro al aire libre donde se junta la gente por razones sociales y competitivas y los bailarines entrenados en varios estilos de danzas compiten unos contra otros para recibir premios. Danzar en los *powwow* era parte natural del ser una persona nativa en nuestra comunidad. Danzar era una práctica social y espiritual y muchos lo disfrutaban. A través de todo, sentíamos una relación más cercana con nuestro creador Jesucristo. Algunos consideran que participar en las danzas del *powwow* no es aceptable para los cristianos. En una ocasión una persona que se oponía a la danza me preguntó,

'¿Cuál es el significado de la Danza Redonda?' Ahora la Danza Redonda en mi mundo nativo es un evento social en el cual todos los presentes pueden participar. En algunos casos la Danza Redonda es un buen lugar para para que familias compartan comida y tengan compañerismo; también es un lugar excelente para que los jóvenes conozcan a otros jóvenes. Mi respuesta a la pregunta sobre la Danza Redonda fue, '¡Te contaré el significado de la Danza Redonda cuando usted me diga el significado de la danza cuadrada!'[2]

Mi encuentro con Richard Twiss

Mi crecimiento espiritual durante mi tiempo en la plantación de la iglesia contextual me llevó a lugares que nunca me imaginé ir. Después de haber estado dirigiendo cultos por aproximadamente un año, recibí una llamada de un primo que me dijo con mucho entusiasmo que prendiera el televisor y mirara el canal del Trinity Broadcasting Network. Me quedé pasmado al ver una entrevista a un hombre vestido completamente con la ropa formal de los Indios de la Llanura incluso con el tocado de plumas. Miré y escuché con curiosidad mientras el hombre compartió su mensaje, y me di cuenta que era el *mismo* mensaje que yo estaba compartiendo sobre la necesidad de crear un enfoque nuevo en el ministerio nativo.

Esta fue la primera vez que escuché de Richard Twiss. Hasta ese momento pensábamos que éramos los únicos que intentábamos hacer este tipo de ministerio. Ahora este programa de televisión me picó la curiosidad, e hice planes para llamarle la siguiente semana. Anoté la información de contacto del programa, y luego llamé a la oficina de Wiconi International en Vancouver, Washington. Cuando contestó Richard Twiss, dije, 'Soy Casey Church de Grand Rapids, Michigan y vi tu entrevista la otra noche'. La primera cosa que me dijo fue, 'Hemos escuchado mucho de ti y tu trabajo en Grand Rapids y quiero que sepas que no están solos'. Compartimos una conversación amable por un rato. Fue mi primer encuentro (¡aunque por teléfono!) con otra persona fuera de nuestro grupo que hablaba el mismo lenguaje ministerial.

Con esa primera conversación, comenzamos una relación que solo pudo haber sido hecho en los cielos. Me involucré más en su

---

[2] La danza cuadrada es un baile social tradicional de la cultura anglo-americana.

ministerio y fui invitado a ir con él y algunos otros a un evento llamado Muchas Naciones Una Voz, conocido como MN1V. Con esta secuencia de eventos, mi mundo ministerial fue abierto a varios de los principales líderes en este nuevo movimiento contextual – personas como Terry LeBlanc (Mi'kmaq/Acadian) y Randy Woodley (Keetoowah Cherokee). Muchos de nosotros, líderes ministeriales que pensábamos igual, pronto nos convertimos en una familia ministerial cercana.

Richard planificaba realizar un campamento en Oregon para que él y otros crearan un ambiente donde familias pudieran experimentar un cristianismo expresado desde dentro de la cultura y cosmovisión nativoamericana. Mi familia y yo no fuimos a ese primer evento porque justo estuvimos en el proceso de trasladarnos a Albuquerque en el año 2000. Después de acomodarnos a nuestra nueva casa y comunidad, una vez más nos involucramos aún más en el ministerio de Wiconi.

Nos pidieron ir al Campamento Familiar de Wiconi International en 2004 como parte del personal de apoyo. Nos invitaron por nuestro conocimiento de la cultura y tradiciones nativas – y porque nuestra familia celebra la vida de forma contextual. Wiconi buscaba colaboradores en los que pudieran confiar con su estilo innovador de ministerio. Muchos programas para nativos americanos en aquel entonces estaban involucrándose más y más con la contextualización. Varios aparecieron rápidamente y querían unirse lo más pronto posible – querían juntarse a la causa de moda y ser llevados por la popularidad de Richard Twiss y toda la atención que recibía Wiconi. Varios querían juntarse por razones equivocadas, y algunos tenían muchas ganas pero no estaban completamente preparados teológicamente.

Durante el Campamento Familiar en 2004, Lora y yo estuvimos sentados en una glorieta justo fuera del auditorio principal, junto a Richard y Katherine Twiss. Les contamos que sentíamos ser llamados por el Espíritu Santo y que queríamos asociarnos con ellos más que antes. Richard y Katherine se sintieron honrados que nos juntásemos con ellos, y cuando miro hacia atrás sé que Richard estaba preparándonos para un papel más grande que solo el Campamento Familiar. Él tenía planes más grandes de crear una organización que fuera como un faro para muchos ministerios y comunidades nativas americanas. Para realizarlo él estaba promoviendo a otros como nosotros en el camino.

Mi estilo y fuerza de liderazgo contextual creció más cuando Richard me invitó a ser miembro de la junta directiva del Instituto Norteamericano para Estudios Teológicos Indígenas (NAIITS). En aquel entonces Richard era el presidente de la junta de NAIITS. También me involucraba más en la planificación e implementación de prácticas contextuales en el Campamento Familiar Wiconi. En el campamento me dieron la responsabilidad de construir – y *enseñar* cómo construir – la casa de sudor. Ellos sabían que yo tenía experiencia en dirigir Ceremonias de la Casa de Sudor de forma contextual en Albuquerque. También trabajaba en el armado y la coordinación del *powwow*, que tomaba lugar el sábado. Estas responsabilidades me ayudaron a crecer en el conocimiento del Campamento Familiar Wiconi y en la capacidad de llevar a cabo tareas en mi área de conocimiento. Todo esto me hizo más visible ante el personal y los voluntarios del campamento, y pronto podía manejar varias tareas allí.

En medio de las actividades diarias del ministerio, también crecía yo en entendimiento de quiénes éramos y cómo podría yo servir mejor a la organización de Wiconi. Servir a Dios en Wiconi bajo el liderazgo de Richard Twiss fue una de las mejores épocas de mi vida. Nuestros esfuerzos no pasaron desapercibidos, porque ignorándolo yo, algunas personas empezaron a percibir algo en mí que ni yo sabía que estaba ahí. Aunque yo buscaba hacer el mejor trabajo posible en cada tarea que me pidieron hacer, siempre me sometía al liderazgo de Richard y el personal de Wiconi. El ministerio contextual era parte de mi constitución, y parecía que yo crecía más y más en mis capacidades en el Campamento Familiar, con la Misión de los Hermanos en Cristo, y en cada lugar donde concentraba mis esfuerzos en el ministerio.

Después de terminar mi Maestría en Estudios Interculturales en el Seminario Teológico de Fuller, California, deseaba seguir estudiando. En 2007 fui aceptado en la Escuela de Misión Mundial de Fuller (ahora Escuela de Estudios Interculturales) para hacer un doctorado (PhD) en Estudios Interculturales. Quería enfocar mis estudios en este programa en las ceremonias utilizadas por los hebreos y los nativos americanos y mirar la comparación entre los dos en cuanto a su uso de incienso y rituales. También me interesaba ver cómo el pueblo hebreo fue influenciado por y adaptaba varias prácticas de las culturas circundantes, y quería estudiar cómo esas adaptaciones podrían influir mi trabajo con pueblos nativoamericanos. Puse 'Humo Sagrado' como título preliminar de mi estudio.

Retradicionalizando los rituales y ceremonias

Después de pasar un par de cursos, la corriente de cambio económico parecía no ser muy bueno. Yo proveía a mi familia creciente trabajando como carpintero y fabricante de tiendas por más de una década. En la primavera de 2008 cayó la economía y la empresa me despidió junto a veinticuatro de mis compañeros de trabajo. Como resultado decidí retirarme del programa de PhD de Fuller.

Los tiempos de la vida económica en todo el país empeoraban, y se hacía muy difícil encontrar algún empleo. Nos convertíamos en una familia típica de este tiempo difícil que aceptaba los desafíos de pasar por esto momentos. Lora y yo logramos salvar la casa, poner comida en la mesa, y dar ropa a nuestros cinco hijos. Los tiempos mejoraron eventualmente. Y a través de todo esto me mantenía lo más activo posible en la Misión de los Hermanos en Cristo y con el Campamento Familiar de Wiconi. Durante este tiempo Lora y yo no pudimos ayudar con el costo de asistencia al campamento pues habíamos enfocado todos nuestros recursos en sostener nuestra casa y familia. Por el deseo de Richard en mantenernos presentes e involucrados en el campamento, Wiconi nos ayudó económicamente para que asistiéramos por varios años. La economía mejoró y pudimos mantener nuestra relación con Richard y el Campamento Familiar de Wiconi.

Fue durante aquel tiempo que sentí que podía volver a mis estudios en Fuller y al mismo tiempo mantener nuestra familia y casa. Me aceptaron otra vez y continué estudiando los rituales de las culturas hebreas y nativas, pero ahora incluí un enfoque adicional en el Programa de tratamiento del alcohol Hermanos en Cristo y los cambios en los hombres a medida que avanzaban por el programa y se mantenían libres de alcohol.

Más cambios por delante

Cuando falleció Richard Twiss de repente en febrero 2013, me ofrecí como voluntario para trabajar en el Campamento Familiar Wiconi aquel verano. Ya tenía diez años de experiencia en el liderazgo allá y no quería que se perdieran. La junta de Wiconi estuvo de acuerdo y me hicieron director del Campamento Familiar Wiconi. Al año siguiente me pidieron considerar tomar un paso más en el liderazgo y asumí algunos de los compromisos para hablar como conferencista que habían sido parte de la responsabilidad de Richard. Después de aquel Campamento Familiar, la junta de Wiconi me invitó a ser parte del personal. Esto significó no solamente servir como director del Campamento Familiar, sino también cumplir varios otros compromisos que hizo Wiconi antes de que falleciera Richard. Uno de los compromisos era enseñar en el Curso de Inmersión del Seminario de Sioux Falls que se llevaba a cabo cada julio en la Reserva de los Indios Rosebud en South Dakota. Y entonces otro gran cambio comenzó a desarrollarse en mi ministerio.

En enero de 2015 me invitaron a ir a Vancouver, Washington, para reunirme con la junta de Wiconi, y me ofrecieron el cargo de Director de Wiconi International. En ese tiempo Lora y yo ya habíamos establecido nuestra casa – y ahora me encontraba frente a la decisión de tomar una posición con futuro incierto con Wiconi, una organización atravesada por muchos cambios y transición. Acepté la oferta y el mundo de Casey Church aún estaba por experimentar más cambios y periodos de transición.

2

¿PODRÍAMOS MEJORAR LA FORMA DE REALIZAR EL MINISTERIO NATIVO?

Como nativo americano sé que con demasiada frecuencia el mensaje cristiano y el entrenamiento del discipulado subsecuente han llegado a los pueblos nativos con el bagaje cultural del obrero cristiano no-nativo. Mientras la transformación espiritual es la meta *mayor* al presentar el mensaje de Cristo, muchas veces este mensaje ha sido rechazado por ser considerado como 'el evangelio del hombre blanco'.

El Trasfondo del estudio

Mi enfoque al escribir este libro inicialmente fue examinar cómo el uso de rituales tradicionales durante la recuperación de las drogas y el alcohol ha promovido una identidad nativoamericana sana y ha ayudado a varias personas nativas en el proceso de recuperación a profundizar su relación con Cristo. Estudié dos ministerios contextuales: el Programa de tratamiento del alcohol de Los Hermanos en Cristo Vencedores (BICO) y Wiconi International (un ministerio contextual nativoamericano). El 'Campamento Familiar/*Powwow* en Memoria a Richard Twiss' de Wiconi Internationl anima a los nativos americanos y a otros pueblos indígenas a abrir sus ojos para que puedan ver cómo sus propias formas culturales tienen un significado nuevo, de tal manera que los ayuda a ser cristianos más fuertes.

Después de examinar el uso de rituales y su influencia en el crecimiento espiritual, exploré el tema de Ritos de Paso y los efectos prácticos de su uso en el programa Vencedores, el Campamento Familiar Wiconi, y las transiciones de liderazgo.

El Programa de tratamiento del alcohol de los Hermanos en Cristo Vencedores

En el desierto del suroeste hay un ministerio cristocéntrico llamado los Vencedores, lo cual es un programa residencial para el tratamiento del alcohol manejado por la Misión Hermanos en Cristo en Farmington, New Mexico. Este ministerio ha experimentado una tasa de recuperación extraordinaria de 70% o más. Desde la primera vez que estudié el programa—en funcionamiento desde el año 1997—se ha visto la participación de cerca de ciento setenta y cinco hombres. El currículo es único, pues el él se incluye el uso de rituales de oración y ceremonias nativas americanas en formas contextualizadas y cristocéntricas. También es importante hacer notar que este ministerio está completamente dirigido y dotado de personal no-nativo. La Misión Hermanos en Cristo ha ganado buenas relaciones con la comunidad nativoamericana de la zona a través de proveer varios servicios como una lavandería, servicios de automecánica, y un pozo para que la gente de la reserva tengan acceso a agua potable limpia. Para muchos de los nativos que son artistas, la Misión facilita una tienda de regalos donde pueden vender sus artesanías o ponerlas a vender en consignación. Junto a estos servicios, la Misión tiene un culto los domingos donde la gente nativa asiste a cultos completamente contextualizados y a actividades de fiestas religiosas de temporada.

He estado involucrado en este programa los últimos trece años ayudando a incorporar mi conocimiento de la Ceremonia de la Casa de Sudor y otros rituales nativoamericanos como estrategia para el tratamiento del alcohol de una manera que honra a Cristo. Vencedores ha descubierto que integrar esta estrategia culturalmente sensible al ministerio con el discipulado cristiano ha resultado en un programa de tratamiento eficaz. Vencedores provee el cuidado relacional y el apoyo después de egresar del programa para asegurar que los hombres se mantengan libres de alcohol. El personal depende de la ayuda de Dios en todo el proceso.

Mi meta en la investigación fue explorar los factores que han incidido en el éxito enorme de Vencedores con la sobriedad y desarrollo espiritual cristiano de hombres nativoamericanos.

Los rituales y ceremonias que hemos incorporado en Vencedores son tomados del mundo tradicional nativoamericano del cual soy parte. A través de mi experiencia con pueblos nativoamericanos y con Wiconi International, he trabajado con otros para desarrollar rituales nativos aceptablemente cristianizados para su uso en el Programa de tratamiento del alcohol Vencedores. La incorporación de estos rituales tradicionales en un escenario cristocéntrico ha creado un modelo que puede ser adaptado a otros programas que buscan aprender más de cómo tratar las adicciones eficazmente y motivar el desarrollo espiritual de los clientes, con la capacidad de transitar de la adicción a ser miembros productivos de la comunidad.

Campamento Familiar Wiconi/Ministerio *Powwow* en memoria a Richard Twiss

El Campamento Familiar/*Powwow* de Wiconi es parte de los eventos ministeriales más grandes que alberga Wiconi International. Co-fundado en Vancouver, Washington, en 1997 por el Dr. Richard Twiss (Sicangu Lakota) y su esposa, Katherine, la meta de Wiconi es empoderar a nativos americanos a través del uso de formas tradicionales para incentivar el orgullo de su herencia y crecimiento como cristianos. También enseña de *no* tienen que rechazar sus culturas para seguirle a Cristo.

Después del fallecimiento repentino de Dr. Twiss en febrero 2013, el ministerio se abatió en un tiempo de duelo y confusión. Poco tiempo después, me ofrecieron el papel de director del Campamento Familiar/*Powwow*. Tuve que enfrentar la responsabilidad y oportunidad de guiar el Campamente Familiar durante este tiempo turbulento de transición. Ese año fue un desafío grande para el personal y los voluntarios, pero trabajamos juntos y logramos conformar un equipo.

Richard Twiss solía decir que la misión de Wiconi era llevar a cabo un 'futuro preferido' para nuestros pueblos nativoamericanos. Como resultado de su deseo para realizar su visión, él ayudó a producir un movimiento contextual entre muchos ministerios en todo el país y en el mundo. Para poder lograrlo, Richard, como muchos otros, fue inspirado a volver a examinar las estrategias evangelísticas utilizadas con los pueblos indígenas de Norteamérica. Él deseaba que conocieran el evangelio de Cristo de una forma que conservaría su identidad cultural y les permitiera ser seguidores de Jesús completos. Por demasiados años, los pueblos nativos estábamos obligados a rechazar nuestra identidad cultural y a adoptar las culturas extranjeras de los misioneros. Wiconi tenía el propósito de contrarrestar esta mentalidad al incentivar a los miembros del mundo de la iglesia nativa a adoptar un ministerio culturalmente apropiado para los pueblos indígenas—llamado 'contextualización'. En la contextualización, las formas culturales de pueblos indígenas son consideradas como expresiones apropiadas para rendir culto y honor a nuestro Señor Jesucristo. Como resultado, Wiconi se convirtió en un núcleo alrededor del cual muchos ministerios nativos buscaban asociarse tanto formal como informalmente. Pronto Richard se volvió muy conocido, nacional e internacionalmente.

El Campamento Familiar de Wiconi nació de la estrategia de Richard para el ministerio. Ya se han realizado once Campamentos Familiares/*Powwow*, y actualmente se llevan a cabo en el Centro de Conferencias Aldersgate en Turner, Oregon, a fines de julio cada año. El campamento empieza un jueves por la tarde y termina al mediodía del domingo. Asisten personas nativas y no nativas de la región local, de todo Estados Unidos, Canadá, y hasta de otros países. Mi familia y yo no estuvimos parte del primer campamento pero nos convertimos en presentadores regulares después de eso porque a Richard le intrigaba el método que yo usaba para construir la casa de sudor y mi forma de dirigir la ceremonia dentro de ella. Además, mientras Richard asistía un evento en Albuquerque, New Mexico, en mi iglesia madre, realizamos un *powwow* en el santuario. Después me pidió a mí y a mi esposa Lora que le ayudáramos con su *powwow* en el próximo Campamento Familiar. Desde aquel entonces, a lo largo de los años hemos sido tratados como ancianos respetados en Albuquerque y hemos tenido varias oportunidades para ser bailarines de cabecera en los *powwow* de Albuquerque y otras comunidades alrededor del país.

El enfoque central de mi estudio era examinar las estrategias contextuales usadas en el Campamento Familiar/*Powwow* de Wiconi (de aquí en adelante denominado como 'Campamento Familiar' o 'Campamento Familiar Wiconi'). El objetivo principal de Wiconi ha sido promover la conciencia contextual y la aplicación práctica de los muchos rituales y ceremonias practicadas entre las tribus de Norteamérica. Con los años, el personal de Wiconi ha adaptado muchos rituales tradicionales y ceremonias nativoamericanas apropiadas de una forma que honra a Cristo para que participen los asistentes del Campamento Familiar. Los asistentes experimentan estas estrategias y aprenden a aplicarlas para bendecir a sus propias familias o ministerios. La adaptación de varios de estos rituales y ceremonias—y su relacionamiento con el desarrollo espiritual de los asistentes del campamento—es lo que yo llamo 'Ritos de Paso'.

Los Ritos de Paso toman lugar por todo el mundo entre las tradiciones de muchos pueblos indígenas–hasta en los pueblos europeos. De los rituales y las ceremonias que Wiconi ha desarrollado como expresiones contextuales auténticas cristianas están incluidos la casa de sudor, el uso de incienso en la oración, danzar en los *powwow*, cantar con el tambor tradicional del *powwow*, y el ritual de *smudging* (purificación con humo de la salvia). Las ceremonias que se podrían contextualizar, entre otras, incluyen la primera risa de un bebé, ritos de pubertad, el convertirse en un bailarín, el pasar a ser hombre, y cambios de estatus en el liderazgo.

El ministerio de Vencedores y el Campamento Familiar Wiconi proveen oportunidades para mostrar la importancia del ritual. También subrayan el camino de contextualizar el evangelio durante la fase liminal de los ritos de paso.

El Contexto histórico del ministerio a los nativos americanos

La historia del evangelismo entre los nativos de Norteamérica desde sus inicios en el siglo XVII ha sido un ejemplo de las fuerzas intrínsecas dentro de la psique humana. La necesidad de reforzar la perspectiva de la historia bíblica del pueblo dominante ha sido observada alrededor del mundo mientras los pueblos indígenas estaban siendo subyugados por los más poderosos. Se llama 'etnocentrismo', lo cual se define como 'creer en la superioridad del propio grupo cultural de uno'.[1] Si sabemos lo que es el etnocentrismo

---

[1] 'Ethnocentrism', *American Heritage Dictionary of the English Language* (Boston, MA: Houghton Mifflin, 2nd edn, 1985), p. 467.

y la manera cómo nos afecta e influye a nivel individual y dentro de nuestros sistemas sociales, podemos empezar a ver cuánto nuestro sesgo cultural influye en nuestro entendimiento de las escrituras. Nuestro sesgo cultural levanta su cabeza horrible aún en campo de la religión. Por ejemplo, cuando plantamos iglesias, ¿por qué transferimos *nuestra* cultura a iglesias nuevas dentro de América Nativa?

Los misioneros transculturales plantan iglesias idénticas a las de sus países de origen. Sherwood Lingenfelter describe esta condición como estar 'atado a la cultura', lo cual pone muchos obstáculos para realizar un trabajo misionero eficaz.[2] ¿Será posible presentar un evangelio verdaderamente transformado si es que siempre estamos restringidos a replicar nuestra propia reflexión cultural del cristianismo a donde sea que llevamos el evangelio?

Cuando trabajo entre nativos americanos, comienzo con un enfoque nuevo. Twiss escribió en su libro pionero, *One Church, Many Tribes* (Una iglesia, muchas tribus), 'Este es un tiempo de transición en el ministerio entre creyentes indígenas alrededor del mundo—un tiempo de explorar y preguntar sinceramente al Señor buscando nuevas perspectivas y enfoques en el ministerio nativo. Alrededor del mundo entre los cristianos indígenas, la identidad cultural está surgiendo como la dinámica clave en este paradigma ministerial nativo emergente y nuevo despertar espiritual'.[3] Durante este tiempo de transición, se han abierto muchas puertas de esperanza—con la confianza que muchos ministerios e iglesias indígenas por todo Norteamérica y alrededor del mundo alcanzarán a sus propios pueblos utilizando formas con las cuales puedan identificarse. Pero también ha existido una oposición dura de muchos ministerios nativos—dirigidos por nativos igual que no nativos—que están atrapados en el paradigma de 'lo correcto' de las prácticas ministeriales etnocéntricas europeas.

Yo creo que la transición es parte natural y necesaria para crear los cambios precisos en las organizaciones y ministerios nativoamericanos y en las personas que son dependientes del alcohol

---

[2] Sherwood G. Lingenfelter, *Leading Cross-Culturally: Covenant Relationships for Effective Christian Leadership* (Grand Rapids, MI: Baker Publishing Group, 2008), p. 15.

[3] Richard Twiss, *One Church, Many Tribes: Following Jesus the Way God Made You* (Ventura, CA: Regal, 2000), p. 19.

u otras sustancias. No obstante, la nube oscura de la conformidad siempre está por encima de nosotros. Lingenfelter declara: 'Los sistemas sociales y culturales que crea un misionero entre las comunidades indígenas locales ejercen una presión poderosa sobre los nuevos creyentes e iglesias para conformarse a ciertos estándares, valores y prácticas habituales'.[4] Esta presión ha sobrevivido hasta el presente como podemos ver de las varias coacciones contra las cuales nuestras iglesias se enfrentan cada semana. 'En vez de la alabanza o el evangelismo, una iglesia puede caer víctima del pensamiento de que su propósito es mantener la tradición, realizar cierto evento, o mantener un edificio. Estas son buenas actividades pero no constituyen nuestro propósito'.[5]

Nuestro Señor Jesucristo dio este encargo a sus discípulos: 'Por tanto, vayan y hagan discípulos de todas las naciones, bautizándolos en el nombre del Padre y del Hijo y del Espíritu Santo, enseñándoles a obedecer todo lo que les he mandado a ustedes. Y les aseguro que estaré con ustedes siempre, hasta el fin del mundo' (Mateo 28.19-20). Un día esta escritura me abrió los ojos a reconocer una omisión en mi propia vida. Este pasaje no nos da una *receta* preceptiva en cuanto a cómo realizar este mandato. Yo creo que lo hizo así a propósito para darnos la libertad de crear estrategias culturalmente específicas para cada pueblo.

Una vez que me dediqué a servirle a Dios por el ministerio, me enfoqué en la conciencia cultural y la libertad en Cristo que los creyentes nativos tenemos para utilizar nuestra propia cultura indígena para su gloria. A lo largo de los años descubrí que muchos otros también tenían la misma pasión. Se hizo evidente, como resultado de esta investigación y las conclusiones posteriores, que lo que yo buscaba desde temprano en mi ministerio contextual era volverme más cristocéntrico en mi enfoque. Todavía, lo que realmente necesitaba hacer en esta próxima fase era enfocarme en el discipulado y el desarrollo espiritual más que en la contextualización cultural. Como líderes en ministerios nativoamericanos, debemos ayudar a la cohorte del movimiento de ministerio contextual a centrarse en su identidad nueva en Cristo, y ayudar a guiarles en el

---

[4] Sherwood G. Lingenfelter, *Transforming Culture: A Challenge for Christian Mission* (Grand Rapids, MI: Baker Books, 1998), p. 18.
[5] J.E. White and L. Ford, *Rethinking the Church: A Challenge to Creative Redesign in an Age of Transition* (Grand Rapids, MI: Baker Publishing Group, 2003), p. 31.

proceso de compromiso con Cristo y con los otros, capacitándoles para ser el pueblo de Dios juntos en misión.

Mi énfasis era ver cada situación en la vida—el ministerio con los Hermanos en Cristo Vencedores, la organización de Wiconi International, y el desarrollo de liderazgo personal—era como pasar por un proceso natural de cambio. Para lograr esto, utilicé los conceptos de Victor Turner de 'Ritos de Paso' y la 'liminalidad', por el cual las personas se mueven de estructura a anti-estructura y de vuelta a estructura otra vez. El período intermedio, anti-estructura, lo llama 'liminalidad', un tiempo en el que se quitan las etiquetas y las personas pueden construir un sentido de comunidad los unos con los otros, misma que no está fundamentada sobre las distintivas estructurales como poder o género.

Transición, cambio, y liminalidad

Todos reconocemos que el mundo no es igual como era en los tiempos de la biblia. El cambio y la transición son procesos naturales con los cuales siempre vivimos. He estudiado muchos cambios a lo largo de la historia cristiana y reconozco que cada cultura donde se presentó el evangelio pasó por el desafío de entender su mensaje desde el punto de vista de esa cultura particular. ¡Entonces la contextualización es tan antigua como el evangelio mismo! La contextualización era el *medio* que promovía la difusión rápida del evangelio hasta que se detuvo cuando ciertos reformadores optaron por lo que ellos decidieron que eran los modos definitivos de la expresión cristiana.

Hoy en día pueblos indígenas alrededor del mundo están despertando a la libertad que tienen para adaptar el evangelio a sus propios contextos culturales. Y aquí tenemos el desafío mayor de Jesucristo—no usar nuestras formas culturales como el *fin* en sí mismo con el enfoque principal en la contextualización—sino usarlas como el medio que nos permite entrar al mundo de los pueblos nativos a través de sus corazones y mentes para poder presentar a Jesucristo de una forma más natural para ellos. La intención no es que la contextualización sea solamente una moda pasajera o forma ingeniosa o popular de llevar a cabo el ministerio, sino que es un enfoque serio y muy necesario para superar los métodos ineficaces que hemos usado en el pasado, y que en algunos casos seguimos usando. Anteriormente me enfocaba demasiado en desarrollar estrategias contextuales. Ahora busco tomar esas formas culturales creadas y concentrarme en su uso para hacer discípulos y aumentar el desarrollo espiritual.

Al usar enfoques contextuales, he crecido en mi vida espiritual personal y en mi confianza en Dios—un camino que me ha desafiado. Este proceder ha sido interrumpido a veces por líderes conservadores con sus acusaciones de 'sincretismo'. El sincretismo se define como la combinación de dos creencias religiosas de una forma tal que corrompe a las dos. La contextualización crítica no toma las creencias de una práctica religiosa sino las *formas culturales* de esas prácticas y las adapta de una manera que crea una nueva expresión—una que no compromete el mensaje del evangelio sino lo hace más agradable para los pueblos indígenas. Existen muchos líderes nativos cristianos que se resisten y se oponen a los esfuerzos de crear un mundo donde los nativos americanos puedan expresar su fe cristiana de una manera estrechamente vinculada con su cosmovisión y prácticas culturales. Insistir en usar un punto de vista occidental para mirar la biblia no tiene sentido desde una perspectiva nativa y no tiene ninguna conexión a la cultura – ¡como si todas las tradiciones hebreas fueran completamente occidentales! Desde su punto de vista, la expresión cristiana auténtica plantada en el mundo nativo tiene que parecer, actuar, sonar, y sentir exactamente como los modelos occidentales de la iglesia hoy. Los métodos de la iglesia occidental han tenido resultados pésimos entre los nativos, con menos de 5% de nativos americanos que se identifican como cristianos hoy. Y eso después de *450 años* de esfuerzos misioneros. A causa de estos resultados inaceptables, el programa BICO escogió dirigir sus cultos y actividades de tratamiento desde un enfoque completamente contextual. Desde que se tomó esa decisión, se lleva a cabo el culto de forma contextual y muchas personas nativas asisten. Debido a la misma causa, el programa de tratamiento está viendo una tasa de éxito alrededor de 70% entre los hombres nativos que se recuperan del abuso de alcohol y la adicción. Vencedores sigue viendo vidas cambiadas en tanto los hombres están aceptando a Cristo como su salvador personal. Con toda la oposición y resistencia frente al cambio, mi pregunta es, '¿Dónde están las iglesias y programas de tratamiento al estilo occidental que tienen resultados exitosos y ayudan eficazmente a las personas nativas?' Las estadísticas del programa de los Hermanos en Cristo hablan por sí mismas. Resultados así tan positivos no ocurren sin cambio y transición, pero al igual que en cualquier cambio, el proceso tiene un principio, medio, y fin. El proceso se extiende a todas las áreas de la vida, aun hasta los que se oponen el cambio contextual. He vivido experiencias con varios individuos que se oponían mucho a los métodos contextuales pero luego, después de haber investigado más los temas, finalmente terminaron apoyando y hasta se convirtieron en participantes activos en el ministerio contextual.

El programa mismo de Vencedores recalca el proceso de cambio. Los hombres llegan al programa, lo cual representa el fin de una parte de su vida como la conocían y el comienzo de una nueva. Después de tres meses del tratamiento llegan al tiempo medio, donde se enseñan nuevas formas de vivir—este es el tiempo liminal, un tiempo en el que se puede realizar cambios. Después viene el final del programa y el comienzo de un nuevo estilo de vida llamado 'reintegración'. Este proceso es un estilo tradicional nativo natural y es una experiencia que muchas personas nativas conocen en sus vidas familiares y personales. Como ya dije, lo podemos ver en los ritos de pubertad, cambios de estatus en la comunidad, y rituales para convertirse en hombre o guerrero. Bridges dice, '…mientras que los cambios que enfrentamos son diferentes que los que hemos experimentado en el pasado, el proceso de transición por el cual salimos adelante del cambio está bien mapeado'.[6] Pueblos nativos históricamente han desarrollado rituales y ceremonias para lidiar con estos cambios y transiciones dentro de su propio 'mapa'. Yo creo que lo que me ha ayudado a crear ministerios contextuales exitosos es justo este entendimiento del proceso de cambio y transición que sigo usando en mi vida tradicional y familiar.

¿Qué es el cambio y como lo realizamos? Al mirar los cambios que experimentan los clientes del Programa de tratamiento del alcohol Vencedores, podemos ver que avanzan desde el punto de estar atrapados en un atolladero de adicción a las drogas y el alcohol a un tiempo intermedio de reaprender la vida desde una cosmovisión cristiana, y finalmente entran al mismo mundo con un enfoque de vida completamente nueva. Es exactamente el mismo proceso en un

---

[6] William Bridges, *Managing Transitions: Making the Most of Change* (Boston, MA: Da Capo Press, 2009), p. x.

Rito de Paso. De la misma manera, los ministerios y las organizaciones pueden pasar por tales etapas y emerger al otro lado del cambio—listos para enfrentar el mundo. El propósito es crear cambios que tendrán impacto positivo sobre el futuro.

George Barna, en su libro *Ministry Outside the Box* (El Ministerio Fuera de la Caja), dice, 'Cada ministerio que nació en los años 60 o antes probablemente necesita hacer un cambio y una búsqueda introspectiva significativa y a veces dolorosa, especialmente alrededor de sus prácticas sagradas, para poder prosperar y dar fruto hoy'.[7] Estas palabras están cargadas de desdén hacia formas ineficaces que por demasiado tiempo han determinado las únicas estrategias para el ministerio alrededor del mundo. Es un campo donde siempre he luchado cuando trabajo con ministerios que no están seguros si quieren trabajar contextualmente. Me imagino un futuro cuando estaré parado ante mi Señor y me pregunta si hice todo lo posible para poner el mensaje de su hijo Jesús a disposición de los pueblos nativos. Anhelo poder pararme ante Dios y decir, 'Sí, hice todo lo posible'. El tema en cuestión es ¿estamos haciendo todo lo posible para discipular y avanzar en el desarrollo espiritual de los perdidos? El Dr. Gilliland, en su obra *Pauline Theology and Mission Practice* (Teología paulina y práctica misionera), dice,

> El punto importante que forma la base de esto es que las iglesias de Pablo estaban satisfaciendo las necesidades especiales de grupos naturales de personas y comunicaban el evangelio de formas relevantes y en idiomas aptos para cada grupo y lugar. Aquellas iglesias del ministerio de Pablo no parecían extrañas o desconocidas. Eran comunidades flexibles y abiertas donde se sujetaban unos a otros en cuanto a estilo y forma, pero estaban comprometidos con una enseñanza y características básicas de rendir culto que los identificaba como unidos'.[8]

Para que prendara este tipo de ministerio y se volviera en un movimiento, Pablo sabía que era necesario el proceso de transición y cambio y lo utilizó plenamente.

Para los clientes de los Hermanos en Cristo u organizaciones como Wiconi International, y para desarrollar líderes, tiene que haber

---

[7] Richardson, *Evangelism Outside the Box*, p. 23.
[8] Dean S. Gilliland, *Pauline Theology and Mission Practice* (Eugene, OR: Wipf and Stock Publishers, 1996), p. 210.

cambio y transición. La iglesia cristiana tiene que darse cuenta que para influir el mundo tenemos que cambiar los métodos ineficaces, y esto no es una tarea fácil. Muchos pensadores en el área de misiones han ofrecido ideas en cuanto a cómo realizar esta adaptación. Uno de estos innovadores fue Paul Hiebert, que reaccionó ante este desafío con su concepto de contextualización crítica. Mirar con ojos críticos al mundo tradicional del nativo americano ha reinventado el trabajo del programa de BICO. Los líderes de Vencedores crearon una nueva estrategia al adaptar la cosmovisión nativoamericana, mirar al mundo como un todo, y aceptar que todo aspecto de su vida ministerial es sagrado.

Ha pasado lo mismo en Wiconi International y el papel de liderazgo que me fue dado. Pero desafortunadamente, muchas veces las personas sólo se concentran en la gerencia y hacen el trabajo de siempre y de esta forma dedican toman poco tiempo o esfuerzo para pensar proactivamente en lo que viene por delante. Mirar adelante es darse cuenta que la transición y el cambio son parte de la vida. Dentro de las formas de vida nativoamericanas, toda la vida es sagrada, o sea está llena de ritual y ceremonia. En el campo del ministerio contextual la vida se vuelve un proceso experimental donde *se desarrollan* ceremonias para realizar un fin deseado. En un mundo de transición y cambio,

> Plantear todo como un experimento te ofrece más espacio para probar nuevas estrategias, hacer preguntas, descubrir lo esencial y lo prescindible, y ver qué innovaciones pueden funcionar. Además, una forma experimental de trabajo crea un ambiente de permiso para fallar y hacer ajustes y por lo tanto algo de protección cuando fracasas.[9]

¿Realmente existe un problema?

Para poder promover un cambio positivo empecé a estudiar las formas culturales utilizadas en cada ministerio. Mi meta era investigar cómo el uso de formas culturales nativas en dos ministerios contextuales (el Programa de tratamiento del alcohol BICO y el ministerio del Campamento Familiar Wiconi) crea una experiencia espiritual liminal que lleva a libertad en Cristo y una formación

---

[9] Heifetz, Linsky, and Grashow, *The Practice of Adaptive Leadership*, p. 277.

espiritual más profunda para los participantes. También quería descubrir y analizar cómo el personal de BICO y Wiconi percibe la efectividad del uso de unas formas culturales nativas en sus programas cristocéntricos de tratamiento del alcohol y el Campamento Familiar. Yo tenía que descubrir y analizar cómo los participantes perciben el enfoque utilizado por los dos programas en cuanto a su efectividad en, respetivamente, librarlos de adicciones pasadas, y la formación espiritual de los participantes en el Campamento Familiar Wiconi. Investigué cómo las prácticas y rituales nativos de oración utilizados como un componente del enfoque general del ministerio de BICO para recuperar de la adicción conducían a la formación espiritual entre sus clientes tal como el programa contextual del Campamento Familiar Wiconi lo hace con sus participantes. Entonces comparé cómo el personal y los participantes en cada programa respondían al uso de las escrituras bíblicas y las creencias cristianas en estos ministerios.

3

RESEÑA HISTÓRICA DE LA TRANSICIÓN Y EL CAMBIO

El tema general de mi trabajo ha sido examinar cómo los individuos y los grupos manejan el cambio y la transición—especialmente dentro del mundo nativoamericano—y cómo las organizaciones y los ministerios que trabajan entre pueblos nativoamericanos lo hacen también. Mi enfoque específico ha sido la fase de Liminalidad y el concepto del Rito de Pasaje.

Victor Turner y el proceso ritual

Victor Turner, uno de los principales pensadores sobre el tema de la transición y el cambio y sus implicancias resultantes, se enfoca en el tiempo intermedio llamado 'liminalidad' y también en la relación de la comunidad con el individuo y la sociedad en su libro, *El Proceso Ritual: Estructura y Anti-estructura*. Su descripción del proceso de trabajar sobre algunos de sus propios pensamientos me ayudó a tener una mejor comprensión del lado relacional del cambio y la transición. Turner no estaba satisfecho con el enfoque usado por otros investigadores para estudiar las culturas, especialmente en cuanto al análisis de lo ritual. Reconoció que alguien ajeno a una cultura no podía hacer un trabajo adecuado en la interpretación de las prácticas ceremoniales de la misma. Estaba consciente de que algunos estudiosos de una cultura implantaban sus pensamientos en las explicaciones que daba la persona indígena. Para compensar este problema, Turner escogió usar el formato indígena que enfatiza el significado *interior* del ritual estudiado.[1] Aunque el concepto de 'Ritos de Paso' se le atribuye a Arnold van Gennep, Turner puso el enfoque en la Fase Liminal del periodo de transición en ritos de iniciación.

Arnold van Gennep definió los 'Ritos de Paso' como 'ritos que acompañan cada cambio de lugar, estado, posición social, edad, y la mayoría de las áreas involucradas en el cambio y la transición'.[2] Turner considera que la transición es un proceso de hacerse, y en el caso de los 'Ritos de Paso', hasta una transformación.[3] Turner define las etapas como Separación, Liminalidad, y Reintegración. Se puede ver estas fases en el Programa de Tratamiento del Alcohol BICO y en los cambios organizacionales que enfrentó Wiconi International después de que se murió Richard. También se aplica a mi propia vida mientras paso por la transición a dirigir Wiconi como organización. El esquema detallado por '. . .van Gennep y otros ha mostrado que los ritos de paso no se limitan a las crisis de vida como lo define la cultura, sino puede acompañar a cualquier cambio de un estado a otro'.[4] Se puede incluir áreas como la mudanza, la conversión, la pérdida de un ser querido, la recuperación después de un desastre natural, y en mi estudio, también la transición fuera de la adicción, el cambio organizacional, y el pasar la batuta de liderazgo de uno a otro.

Se puede poner esta variedad de tiempos de transición y cambio en las categorías que Turner llama los rituales y las ceremonias. Los rituales están relacionados más con un *estado social,* donde los rituales pertenecen a la categoría de *transformación* y las ceremonias a la categoría de *confirmación*. Turner declara, 'Igual como el iniciado en una cultura tribal tiene que renunciar antiguos lazos estructurales, pasando por la desnudez, la pobreza, y el completo sometimiento a los términos del pasaje liminal para poder alcanzar la próxima etapa de la vida, así el individuo en nuestra propia cultura tiene que dejar atrás antiguas formas, despojándose de las pretensiones del ego de alcanzar un rango y función social, para poder alcanzar una etapa de crecimiento más altamente individualizado'.[5]

---

[1] Victor Turner, *The Ritual Process: Structure and Anti-Structure* (Piscataway, NJ: Transaction Publishers, Rutgers, 1969 reprinted 2008), p. 94.
[2] Turner, *The Ritual Process,* p. 94.
[3] Louise C. Mahdi, Steven Foster, and Meredith Little, *Betwixt & Between: Patterns of Masculine and Feminine Initiation* (Peru, IL: Open Court, 1987), p. 4.
[4] Mahdi and Little, *Betwixt & Between,* p. 5.
[5] Mahdi and Little, *Betwixt & Between,* p. 3-6.

Estudios liminales en ministerios cristianos

Alan Roxburgh escribe,

> Los Ritos de Paso son rituales, normalmente religiosos en su naturaleza, por los cuales los individuos están separados de su papel establecido y normal en la sociedad a través de estar colocados fuera del nexo social en un estado intermedio; y después del paso de un tiempo ritualizado, están devueltos, transformados por dentro y cambiados por fuera, a un nuevo lugar y estatus.[6]

Roxburgh muestra como la narrativa bíblica está llena de historias de Ritos de Paso que involucran comienzos y fines, etapas intermedias de liminalidad, y fines que ocurren antes de que un nuevo inicio puede empezar. Estos ciclos son evidentes en cada libro de la Biblia, igual que la ceremonia y el ritual. La ceremonia señala el comienzo de un fin, y las experiencias de liminalidad en las escrituras solían incluir estos procesos y resultados. Roxburgh describe como en los libros de Oseas y Éxodo, el desierto es el lugar donde el pueblo de Israel entró a las experiencias más profundas de reestructuración espiritual en su vida. Fue en estas áreas liminales que se forjó el potencial para un futuro nuevo. Se ve ejemplos en las vidas del pueblo hebreo cuando entran a Egipto, pasan tiempo ahí, y luego experimentan el éxodo. Entonces pasan una vez más por el mismo proceso cuando salen de Egipto, pasan tiempo en el desierto, y entran a la Tierra Prometida. El pueblo hebreo de las escrituras era un pueblo tribal, y muchas de sus situaciones de vida son parecidas a las de los nativos americanos. 'Como pueblos nativos, estamos entre los mundos de ayer y donde estaremos, entre cosmovisiones tradicionales y el racionalismo occidental, entre la comunidad y la individualidad, entre la espiritualidad y la religión'.[7] Estos lugares no son ni buenos ni malos, solo son parte de la vida, y se requiere tiempo para aprender de ellos porque son estados primordiales, conocidos en todas las culturas donde nuevos comienzos pueden emerger.

En *Transforming Culture* (Transformando la Cultura), Lingenfelter nos muestra que 'La transformación significa una nueva hermenéutica, una redefinición, una reintegración de las vidas del

---

[6] Roxburgh, *The Missionary Congregation*, p. 24.
[7] Twiss, *One Church, Many Tribes*, p. 35.

pueblo de Dios'.[8] Para que ocurra la transformación, se tiene que concebir y poner en práctica nuevos métodos, acercamientos, e ideas.

Por otra parte, William Bridges dice, 'Cuando estás en una transición, te encuentras volviendo de maneras nuevas a viejas actividades'.[9] Estas fases de crecimiento son indispensables si va a suceder el cambio. Comienzan las etapas de separación, liminalidad, y reintegración. Bridges también llama al tiempo liminal la 'zona neutral'. 'La zona neutral no es solo un tiempo de confusión y espera sin sentido como a veces podría parecer. Es un tiempo cuando tiene que ocurrir una reorientación y redefinición, y las personas necesitan entenderlo así'.[10] La liminalidad es una necesidad. Se puede ver desde dos puntos de vista culturales. Según el entendimiento occidental y nativoamericano, lo liminal '…es un momento fuera del tiempo y fuera de la estructura social secular, un limbo de estar sin estado. A menudo un estado liminal es visto como sagrado, poderoso, y santo y un tiempo separado en lo cual la estructura, reglas de orden e identidades antiguas están suspendidas'.[11]

Proceso Ritual y Cambio

Los métodos ministeriales contextuales ahora son usados ampliamente en toda Norteamérica y en muchos lugares alrededor del mundo. Cambios de tiempos y mentalidades han abierto la puerta a permitir enfoques que incorporan los rituales de Ritos de Paso. A través de su uso, las personas indígenas están encontrando una plenitud y balance en sus vidas que había estado ausente.

Las personas enfrentan eventos cruciales en sus vidas, los cuales inician la transición y el cambio. 'A medida que los individuos crecen en la familia y llegan a etapas críticas de transición, los miembros realizan Ritos de Paso para iniciarles a esos individuos en la nueva etapa de una relación estructurada'.[12] Las organizaciones, los individuos, y las iglesias—al usar sus *propias* tradiciones—están empezando a encontrar su lugar dado por Dios en el cuerpo de Cristo, y de este modo están armonizando su vida con el mundo. Las

---

[8] Lingenfelter, *Transforming Culture*, p. 19.
[9] Bridges, *Transitions: Making Sense of Life's Changes*, p. 7.
[10] Bridges, *Managing Transitions: Making the Most of Change*, p. 43.
[11] Hiebert and Shaw, *Understanding Folk Religion*, p. 297.
[12] Lingenfelter, *Transforming Culture*, p. 167.

varias naciones nativas a lo largo de Norteamérica tienen tales ceremonias para crear la armonía—por ejemplo, entre los navajo del suroeste se llama *Hozho,* 'estar en armonía'. Podemos escoger resistir o abrazar el cambio. En cualquier caso hay consecuencias.

Muchos individuos, organizaciones, y ministerios no están buscando el cambio. No hacen ningún esfuerzo para descubrir métodos para crear nuevos y mejores ministerios, estructuras, o estilos de liderazgo. Más bien su misión se trata simplemente de mantener el *statu quo*, lo cual se puede llamar (con humor) 'el lio en el que estamos'. Es como seguir usando un carro viejo que ya se debe dejar morir, pero en vez de eso hacemos arreglos menores para mantenerlo en funcionamiento. En muchos casos solo hacemos lo mínimo—limpiar el parabrisas, revisar el aceite y otros líquidos, y encerarlo—pero estas medidas siguen siendo ineficaces. De la misma manera, algunos ministerios y pastores preferirían apegarse a 'las viejas costumbres' con resultados mediocres en vez de hacer los cambios necesarios, los cuales Dios honraría y favorecería si solo confiaran en Él. Debe quedar claro que cuando una organización llegue a un punto donde reconocen que no están haciendo *todo lo posible* para promover el evangelio de Cristo, entonces necesitan entrar en un período de cambio y aceptar entrar en una fase de 'Rito de Paso' en sus ministerios.

En su obra influyente sobre el liderazgo, Bill Hybels observa que hay puntos de partida, puntos intermedios, y puntos finales en el ministerio.[13] Bridges declara que todo fin es el principio de un nuevo comienzo, medio, y fin, y que este ciclo continúa una y otra vez. Pero él dice que *la transición* es diferente: 'El punto de partida para lidiar con la transición no es el resultado, sino el fin que tienes que crear para dejar atrás la situación antigua'.[14] Para poder logar esto he escuchado el dicho, 'No puedes llegar al lugar a donde vas hasta que salgas del lugar donde has estado'. Cuando se trata de ministerios y organizaciones a punto de fracasar, en el libro de Dan Southerland, *Transitioning: Leading Your Church Through Change* (La transición: Guiando tu iglesia por el cambio), dice que transicionar a una nueva manera de hacer cualquier cosa siempre está obstaculizado por la

---

[13] Bill Hybels, *Courageous Leadership: Field-Tested Strategy for the 360° Leader* (Grand Rapids, MI: Zondervan, 2009), p. 43.
[14] Bridges, *Managing Transitions: Making the Most of Change*, p. 7.

actitud que él llama las 'seis últimas palabras de una iglesia moribunda: Nosotros nunca lo hacíamos así antes'.[15]

¿Cómo se relaciona todo esto con el Programa de Tratamiento del Alcohol BICO y el uso de prácticas tradicionales nativas de oración en un ministerio cristiano? En el programa Vencedores, se usa prácticas tradicionales nativas de oración como parte natural del tratamiento. Es de suma importancia que estas expresiones indígenas de la fe cristiana estén enraizadas en las escrituras y el Cristo histórico vivo. Paul Hiebert pregunta cómo deben responder los cristianos mientras los convertidos nuevos honran sus prácticas culturales pasadas: '¿Hasta qué punto puede el evangelio adaptarse para que pueda encajar en la cultura sin que pierda su mensaje esencial, y quién debe decidir?'[16] Cuando considero el cambio y la transición que he encontrado a lo largo de estas dos últimas décadas, he encontrado que estas preguntas son muy relevantes, incluso en mi entrada al liderazgo de Wiconi. Bailando al borde de la *autoridad* hay un lugar donde da miedo estar; tanto cuando consideramos la autoridad de las escrituras como la autoridad formal o informal dada por una organización. El desafío se complica aún más porque las fronteras no son fijadas en piedra. La única forma que puedes saber que estás bailando al borde del alcance de tu autoridad es por el grado de resistencia que encuentras cuando das un paso.[17]

La resistencia puede aparecer de varias direcciones. Existen los que quieren mantener el poder, los que se oponen a cualquier estrategia nueva en el ministerio, y los que tienen demasiado cuidado cuando se trata de moverse en cualquier dirección diferente que lo conocido. En el enfoque contextual del ministerio, estoy de acuerdo con lo siguiente: 'Donde los principios bíblicos claros contradicen los valores culturales, la biblia tiene prioridad, pero donde la biblia deja espacio para la flexibilidad, normalmente los valores culturales de la cultura local anfitriona deberían prevalecer'.[18]

---

[15] Dan Southerland, *Transitioning: Leading Your Church Through Change* (Grand Rapids, MI: Zondervan, 2002), p. 23.
[16] Hiebert and Shaw, *Understanding Folk Religion*, p. 183.
[17] Heifetz, Linsky, and Grashow, *The Practice of Adaptive Leadership,* p. 283.
[18] James E. Plueddemann, *Leading Across Cultures: Effective Ministry and Mission in the Global Church* (Downers Grove, IL: InterVarsity Press, 2009), p. 89.

4

Los Vencedores: El Programa de Tratamiento del Alcohol de los Hermanos en Cristo

Actualmente el Programa de Tratamiento del Alcohol de los Hermanos en Cristo (BICO) utiliza métodos contextuales que ayudé a diseñar e integrar. El programa inició en 1997, y en aquel entonces era muy semejante a la mayoría de los programas de tratamiento del alcohol alrededor del país. Inicialmente el programa tenía un éxito mínimo. Duane Bristow se convirtió en el director y estaba motivado a llevar el programa en una nueva dirección para mejorar su eficacia. Nos conocimos en el año 2001 en una conferencia de liderazgo llevada a cabo por el Nazarene Indian Bible College (Instituto Bíblico Indio Nazareno) en Albuquerque. A partir de entonces, trabajamos juntos para desarrollar el programa que tenemos hoy, el cual tiene un índice de recuperación muy exitoso de hombres que dejan la adicción al alcohol (entre el 70 y 75%) —un índice más alto que en la mayoría de programas. Pero no fue fácil, requería valentía y la disposición de arriesgarse para crear un mejor futuro para los clientes.

Muchas de las estrategias originales de BICO de 1997 se han conservado, incluyendo a los coordinadores de vivienda y los materiales de estudio bíblico. Cada sesión mantiene un número bajo de clientes, entre seis a ocho, lo cual fomenta relaciones más cercanas entre el personal y los clientes. La mayoría de los coordinadores son voluntarios de iglesias de los Hermanos en Cristo de Pennsylvania, incluyendo a dos parejas que, como su enfoque ministerial principal, modelan un estilo de vida cristiano para los clientes. El director del programa atribuye mucho de su éxito a la construcción de relaciones profundas con estas personas.

Por mi sugerencia, nuevos métodos, derivados de una perspectiva nativoamericana, se han integrado en el programa. El apoyo familiar es importante, entonces los clientes tienen la oportunidad de visitar a sus familias los domingos. El desarrollo de la fe cristiana también es vital. El uso de rituales contextualizados como la Ceremonia de la Casa de Sudor permite que los hombres oren según su manera tradicional indígena. Para algunos, se ofrecen oraciones mientras se quema incienso—salvia, hierba dulce, cedro, o tabaco—en una concha de abulón. Otra forma de crear una identidad cultural positiva ha sido el uso de la Biblia traducida a la lengua navajo. Otro método que requiere un poco de riesgo es el uso del tambor nativo con el cual los clientes aprenden canciones cristianas. He participado como el asesor cultural que provee rituales nativos que honran a Cristo—una estrategia contextual que resulta en el desarrollo de una identidad nativa cristiana positiva.

Cualquier cambio involucre riesgo, y tomar riesgos va a contrapelo para muchas tradiciones denominacionales. La historia muestra que en las estrategias utilizadas para evangelizar a muchos pueblos nativos alrededor del mundo se ha usado un modelo occidental etnocéntrico que niega que las expresiones culturales locales pueden ser aceptables para una fe cristiana indígena. Estos métodos aún siguen y pretenden hacer de otras culturas una réplica de la iglesia enviadora. Richard Twiss dijo sabiamente en su libro *One Church Many Tribes* (Una Iglesia Muchas Tribus), 'Jesús no nos pide abandonar nuestra cultura manchada por el pecado para abrazar otra cultura manchada de pecado'.[1]

¿Por qué BICO es diferente que la mayoría de ministerios del estilo occidental?

Muchas de las innovaciones implementadas por BICO son culturales. Cuando inicialmente me involucre con Vencedores, el director y yo nos reunimos para conversar sobre la necesidad de hacer cambios culturales en nuestros acercamientos al ministerio nativo. Entonces me invitaron a trabajar con ellos. Esta relación amigable abrió la

---

[1] Twiss, *One Church, Many Tribes*, p. 79.

puerta a experimentar con métodos de ministerio. De suma importancia era la inclusión del tema de contextualización en nuestra conversación—algo que antes era permitido. Nos dio la oportunidad para conversar sobre qué se puede hacer o qué no debe ser permitido como adaptaciones aceptables. Decidimos incluir métodos de rendir culto que son identificables para culturas nativas, como sentarse en un círculo durante el culto del domingo, igual como se lleva a cabo la mayoría de las reuniones nativas, y así se permite que el ministro se sienta en vez de pararse en el púlpito. Además comenzamos a usar el incienso en rituales como ceremonias de bendiciones y oración. El uso del incienso en el culto no es nada nuevo para cultos eclesiales. Las tradiciones católicas y ortodoxas lo han usado por muchos años.

Una última cosa incorporada en nuestro culto dominical fue el uso del tambor como nuestro instrumento musical principal. Cantamos y alabamos usando una lista de canciones nuevas compuestas para este estilo de alabanza, lo cual incorpora otros instrumentos y canciones nativas con letras cristianas. Las canciones son fáciles de aprender, especialmente para los hombres nativos, porque el estilo musical nativo es conocido para ellos. A lo largo de los años he aprendido que no existe un estilo musical exclusivo para canciones cristianas—solo existen letras cristianas.

El programa Vencedores tomó un salto de fe más e incorporó el uso de la Ceremonia de la Casa de Sudor. La casa de sudor es un lugar tradicional para la oración, limpieza, y enseñanza. La casa no es algún 'ritual pagano espeluznante' sino es una ceremonia aceptable en este programa cristocéntrico. Es semejante a una sauna que se encuentra en cualquier club de salud. Está construida de materiales en su mayoría naturales y el calor se produce con piedras calentadas al fuego. Por naturaleza la casa de sudor se usa para la limpieza física, pero su uso va más allá pues lo usan ayudar revertir el daño mental, espiritual, y emocional causado por eventos de la vida. Muchas culturas nativas usan la casa de sudor, y cada una tiene su forma tradicional de manejarla. Nuestra ceremonia solamente está dirigida por creyentes en Cristo.

Desde 1997, el programa ha servido a cerca de 150 hombres nativos. Con los años algunos de los clientes se han vuelto en voluntarios de medio tiempo. Actualmente hay una búsqueda activa para unas instalaciones cerca de Farmington, New Mexico, para servir como hogar de transición para los que salen de la cárcel. Si encontramos una y la desarrollamos como parte del programa, el personal cree que tendrá aún mejores resultados.

Investigación y análisis de BICO

Yo quería saber precisamente cómo los miembros del personal de los Hermanos en Cristo Vencedores perciben la eficacia de usar formas culturales nativas en su programa cristocéntrico de tratamiento del alcohol. Entonces entrevisté al personal y a los clientes, además de involucrarme activamente en las Ceremonias de la Casa de Sudor y los cultos contextuales.

He estado involucrado en el programa de BICO por trece años. Durante este tiempo, creamos una estrategia de ministerio diferente de cualquier otra a través de la incorporación de rituales y ceremonias de culturas nativas en los tiempos de alabanza, culto y predicación. Mientras se profundizaban las amistades con el personal, me di cuenta que quería hacer un estudio detallado (como colega) de las razones del éxito sobresaliente del programa para restaurar a los hombres de su adicción al alcohol. Mi esperanza es que aprender usar estas técnicas utilizadas en el Programa de tratamiento del alcohol BICO pueda ayudar a muchas otras personas.

Selección de clientes para el Programa

Los directores del programa entrevistan a clientes potenciales meses antes del inicio de una sesión del programa. Una vez seleccionados, se hacen arreglos para inscribirles rápidamente y buscar becas para su estadía si es necesario. No se rechaza a nadie por falta de fondos. Los hombres vienen de varias prisiones y cárceles. Algunos han sido enviados por la corte a ir al programa de tratamiento de su elección, pero otros piden inscribirse en el programa voluntariamente.

Al principio de cada sesión de tres meses, yo hablo con el director para programar tres días que puedo viajar a la misión para dirigir una Ceremonia de la Casa de Sudor de una manera que honra a Cristo y enseña sobre la cultura nativa. La ceremonia de sudor se ha convertido en parte permanente de la estrategia de tratamiento de los Vencedores, y toma lugar un sábado por la tarde una vez al mes durante el programa. Normalmente hay entre seis a ocho clientes, dos trabajadores, y yo, y ocasionalmente un par de visitantes asisten también.

La casa está preparada y el fuego encendido para calentar las piedras que estarán puestas adentro. Cuando llego, el personal junta a los clientes y otros que asisten. Durante la ceremonia usamos el Tambor Nativo para acompañar las canciones de alabanza contextuales que han estado practicando. Después de cantar, yo preparo la pipa para una Ceremonia de Pipa, también hecho de una manera que honra a Cristo. Cuando finalizamos este rito, nos preparamos para entrar la casa. Debo explicarles que las ceremonias y los ritos nativos empiezan cuando estemos listos y terminan cuando hayamos acabado. La Ceremonia de la Casa de Sudor dura entre sesenta a noventa minutos. Se ha convertido en una parte elemental del programa y es un lugar seguro donde los clientes pueden compartir abiertamente de sus luchas con el alcohol y la adicción. Después de la conclusión de la ceremonia, volvemos al centro de tratamiento, preparamos una cena para el grupo, y así vamos conociéndonos mejor.

En el culto de la Misión de los Hermanos en Cristo yo era un observador-participante—a veces el orador, y otras veces un visitante. Se realiza el culto de la iglesia en el gimnasio de la misión, que tiene un sistema de sonido y un escenario. En lugar de bancos colocados en fila mirando hacia adelante, nos sentamos al estilo nativo en un círculo grande. Durante el servicio, el cual tiene lugar los domingos por la tarde, iniciamos con canciones acompañados con el Tambor Nativo. No usamos órgano ni piano, solamente el tambor. Nuestro tambor está hecho a mano, cerca de treinta centímetros de alto y noventa y un centímetros de ancho. Está hecho de madera, y su superficie está hecho de cuero de alce bien estirado y atado. Tocamos el ritmo con palos de tambor hechos a mano. Sentados en un círculo alrededor del tambor ubicado un poco descentrado frente el escenario, comenzamos a cantar las canciones de apertura. Asisten al culto aproximadamente veinticinco miembros de la comunidad navajo y quince visitantes y personal. El director de la misión da el mensaje sentado en una silla giratoria con un atril como su púlpito. Se recolecta una ofrenda durante una canción de tambor; las personas se paran y se dirigen hacia el centro del círculo donde hay una manta de estilo nativo y allí depositan sus dádivas.

Después del culto, todos se quedan para compartir una comida, cada uno poniendo un plato para compartir.

De este primer análisis, concluí que los métodos contextuales son muy importantes para la recuperación del cliente si van a poder desarrollar una identidad propia más positiva y mejorar su autoestima. En aquel entonces yo solo estaba buscando lo que yo quería encontrar. Mi ministerio en ese momento estaba mayormente enfocado en presentar 'como hacer' métodos y estrategias contextuales, y mi trabajo en Vencedores era mi laboratorio. Sin embargo, es importante expresar el hecho de que la reintegración de lo ritual por sí mismo no produce un mejoramiento significativo en la tasa de recuperación—solo Jesús lo hace.

Mientras examinaba las respuestas del personal, los coordinadores de vivienda, y los líderes denominacionales en mi análisis, mi comprensión de los datos tomó un nuevo significado. Mi nuevo análisis reflejaba un acercamiento más balanceado y objetivo a mis datos de las entrevistas. En este segundo análisis, no cambié mi cuestionario ni las respuestas que recibí del personal y los clientes. Los datos que recolecté en el primer análisis todavía servían para este nuevo análisis. La única diferencia es cómo codifiqué y analicé las respuestas la segunda vez. Las nuevas categorías para el análisis salieron de mi análisis menos parcial de los mismos datos.

Mi segundo análisis reveló resultados muy diferentes de mi primer análisis. Observé muchos de los mismos métodos contextuales, pero los datos indicaron que había muchos otros factores significativos en el éxito del programa. Estos factores adicionales incluían la capacitación en 'habilidades para la vida', el estudio bíblico cristiano, y el cultivo de relaciones entre los clientes, personal, y coordinadores de vivienda. Cuanto más miraba, más pronunciadas eran las diferencias. Por ejemplo, un coordinador de vivienda dijo que una sensación de sanidad era tan necesario como las relaciones y capacitación en habilidades para la vida. Cuando miré más allá de los métodos contextuales, podía ver los otros factores. Concluí que el éxito de los clientes para mantenerse libres de las drogas y el alcohol después de asistir el Programa de Tratamiento del Alcohol BICO era debido al enfoque cristiano del programa y las relaciones cristianas formadas mientras participaron. Muchos de los clientes que respondieron también recalcaron la importancia de la familia y el desarrollo de la fe.

Un cliente mencionó que el uso de la oración en su forma nativa le ha ayudado a crecer más en su fe en Cristo. Muchos de los que respondieron enfatizaron la importancia de las clases en computación, gestión financiera, el enfoque del programa en creencias y valores cristianos aplicados a una identidad cristiana nativa, y el estudio bíblico.

Un cliente declaró, 'Siempre gasté mi sueldo en bebida. Hacer un plan en la clase de finanzas realmente me abrió los ojos para ayudarme a manejar mi dinero'. Cerca de la mitad de los clientes testificó sobre el poder de la construcción de relaciones cristianas, la capacitación en habilidades para la vida, y una sensación de sanidad. Un hombre dijo, 'Una vida *con* Cristo y *sin* alcohol es lo que realmente quiero. Estoy cansado de mi vida anterior, y oro que podré mantenerme sobrio después de este programa'. Otro cliente dijo, como muchos dicen, 'Estoy más que harto de estar siempre enfermo y cansado'. Vi claramente que modelar relaciones cristianas y estilos de vida cristianos era muy importante para lograr tasas altas de recuperación. Era esta comprensión que me hizo esforzarme para ver los datos con más profundidad.

Estos hallazgos estuvieron más confirmados por las entrevistas grupales con los clientes. Las entrevistas fueron mucho más prácticas por el nivel de educación bajo de muchos de los clientes. Algunos no podían leer ni expresarse de forma escrita. Cuando me senté con ellos en un espacio cómodo y empezamos a charlar, pude levantar las preguntas de entrevista. Me sorprendió su franqueza. Sus respuestas confirmaron muchos de los factores que mi segundo análisis de los datos evidenció. Cuando les pregunté si el estilo contextual que usamos era importante para su recuperación, algunos respondieron, 'Estaba bien, pero había otros partes del programa que nos parecían más útiles'. La incorporación de enfoques contextuales en el programa no era el factor principal—como mi análisis previo aparentemente había mostrado—pero los acercamientos contextuales sí contribuían a la vista generalmente positiva de los clientes acerca de su identidad nativa. Una perspectiva más positiva del poder vivir como nativo y cristiano causó que algunos experimentaran un crecimiento en su formación espiritual por la incorporación de métodos contextuales en sus vidas religiosas.

El Programa de tratamiento del alcohol de BICO como un rito de paso

Después de pasar la materia de mi cohorte del seminario de Fuller sobre 'Las Dinámicas del Cambio', me llamó la atención el concepto de 'Ritos de Paso'. El concepto se trata de las dinámicas de cambio y transición que toman lugar en lo que se llama la 'Fase Liminal'. Con esta idea en mente, volví a mirar las respuestas de los mismos cuestionarios. Después de leer más sobre el tema, revisé las respuestas buscando temas que tienen que ver con los Ritos de Paso, y las imágenes relacionadas con la separación, la liminalidad, y la reintegración.

He concluido que uno de los factores claves en el éxito de nuestros clientes en su recuperación de la adicción al alcohol resulta del hecho que el Programa de Tratamiento del Alcohol BICO es un Rito de Paso extendido, un tiempo ceremonial en el cual los clientes entran y pasan por un camino de reflexión. Después ocurre la reintegración al graduarse del programa. Descubrí que eran evidentes las tres fases de los Ritos de Paso en la estructura del programa. El director dice, 'El proceso de la entrevista es la primera fase hacia la libertad del alcohol y un cambio de vida'. Otros miembros del personal mencionan que el periodo de tres meses de aislamiento del mundo—un requisito para terminar el programa—es esencial para que ocurran los cambios en sus vidas. Algunos miembros del personal dijeron, 'Se requiere de treinta a cuarenta días para cambiar un hábito, y nuestro programa toma noventa días'. Estoy de acuerdo que parece que es necesario tomar tres meses para que el tratamiento sea eficaz. Todos los miembros del personal afirmaron que en este periodo de tiempo se puede incorporar nueva información y puede ocurrir el aprendizaje. El cambio y la transición—un sentido interno que se está ocurriendo una curación, y reconociendo su propia y nueva identidad—son indicadores de que los clientes están navegando por la Fase Liminal. Algunos de los clientes dijeron, 'Al principio los tres meses parecen mucho para un programa, pero mientras pasan las semanas todo pasa muy rápido y antes de darnos cuenta, se acabó'.

El éxito del programa está comprobado por la transición y el cambio que ocurren en los clientes. El personal indicó claramente que el programa Vencedores cambia vidas, no solamente las de los clientes sino también las del personal. El enfoque básico del programa es que todos entren en la Fase Liminal dispuestos para arriesgarse y usar objetos sagrados dentro de una manera cultural aceptable—una manera también aceptable para nuestra fe cristiana. La comprensión de que los ritos y ceremonias nativas pueden ser utilizados de forma positiva que honre a Cristo es un beneficio adicional para los clientes. Los del personal han dicho que, 'La Ceremonia de la Casa de Sudor es uno de los aspectos más útiles del programa porque les da a los hombres la oportunidad para orar a su manera'. La parte educacional del programa también es muy importante para la recuperación. Con la nueva información (Biblia y capacitación en habilidades para la vida) existe una percepción de confianza, sanidad, y una nueva identidad ganada como resultado de los métodos culturalmente sensibles del programa. Una razón significativo para el éxito de este programa es que el enfoque del programa está completamente aceptado por el personal.

Siempre me he encontrado con la necesidad de tomar riesgos—nunca la he buscado. Para lograr las tasas de éxito alcanzados por el programa BICO tuvimos que tomar algunos riesgos e integrar una variedad de nuevos métodos. Tuvimos que motivar y animar al liderazgo denominacional y al personal del programa para que confíen en Dios y en nosotros para poder 'experimentar' con algunas opciones. Nuestro 'laboratorio' sería el centro de tratamiento en la Misión de los Hermanos en Cristo y nuestras 'herramientas' serían la disposición de probar cualquier cosa con la guía del Espíritu Santo. Inventamos mucho del currículo en el camino. La Fase Liminal que entramos era nuestro tiempo para tomar riesgos—el tipo de riesgos que esperábamos que tuviera el poder de cambiar las vidas. 'Cuando realmente no sabes qué hacer, lo único que puedes hacer es convertirte en un artista. El motivo para liderazgo creativo no es una cuestión de preferencia cambiante, es una cuestión de sobrevivencia, haciendo que funcione el futuro'.[2] Siendo yo mismo un artista (un alfarero y creador de cunas de tablero tradicionales) me ha ayudado a ser creativo y estar dispuesto a improvisar en áreas del ministerio.

---

[2] Heifetz, Linsky, and Grashow, *The Practice of Adaptive Leadership*, p. 207.

La integración de ritual y ceremonia nativa

Nosotros adaptamos rituales nativos para crear nuevas estrategias utilizadas en el Programa de Tratamiento del Alcohol BICO. Los rituales sagrados que adaptamos en ceremonias contextuales fueron la Ceremonia de la Casa de Sudor, Cantar con el tambor usando letras que honran a Cristo, y Orar con Incienso.

Como anoté anteriormente, el programa Vencedores ahora usa la Ceremonia de la Casa de Sudor como parte de su estrategia regular. Cuando están en la casa de sudor, los clientes expresan oraciones sinceras. Ellos dicen, 'Orar en la casa de sudor me viene naturalmente y yo sé que Dios entiende mi corazón'. Utilizar estos rituales indígenas les da a los clientes un sentimiento de limpieza, tanto espiritual como física. Mi conclusión es que los clientes encuentran una conexión más fuerte con Dios al orar en la casa de sudor con el personal en vez de hacerlo en cualquier otro lugar. A veces en la casa de sudor algunos participantes derraman lágrimas por su deseo profundo de liberarse del agarrón del alcohol.

Cantar con el tambor es una experiencia de aprendizaje para los clientes y se ha vuelto una parte central del proceso de recuperación. Cantan alabanzas a Dios con letra cristiana. A todos los grupos de hombres les gusta cantar lo que un cliente llamó 'la canción clic clic', porque empieza la canción con un golpecito del palillo del tambor en el borde del tambor y después empieza con las letras, 'Jesús es el Señor'. Durante esta canción, cada hombre tiene la oportunidad de guiar cantando las letras, 'Jesús es el Señor'.[3] He descubierto que el tambor se vuelve crucial en el proceso de recuperación por las relaciones que los clientes forman con el personal y coordinadores de vivienda mientras tocan el tambor y cantan juntos. También, enseñar a los clientes a orar usando incienso se convirtió en una experiencia de aprendizaje importante para ellos. En vez de criticarles por su estilo indígena de orar, se les anima porque sus formas pueden ser utilizadas en alabanza y oración cristiana. Al enviar sus oraciones en el humo de la salvia de *smudging* o de la pipa, hay una conexión singular entre Dios y ellos que solamente una persona indígena puede entender. A través del uso de estos artículos y ceremonias culturales,

---

[3] Esta canción es de Jonathan Maracle de Broken Walls (Paredes Rotas). www.brokenwalls.com.

los clientes experimentan una identidad propia que es nativa y positiva, mientras crecen espiritualmente en Cristo.

La Misión de los Hermanos en Cristo era y es un lugar único. Contiene muchos de los detalles de un programa de recuperación cristocéntrico pero también incorpora prácticas culturales nativoamericanas. Para poder lograr sus tasas de éxito tan altos usando prácticas nativoamericanas, han tenido que tomar el camino de adaptación pasando por muchos cambios y transiciones. Al hacerlo, sus propios corazones y mentes han cambiado. Estaban dispuestos a desafiar y transformar sus hábitos antiguos y creencias profundamente arraigadas. Las creencias profundamente arraigadas son llamadas 'prisiones culturales' por Lingenfelter. Él dice, 'Necesitamos comprender las dimensiones de nuestras prisiones culturales, y el descubrimiento viene a través de las claves bíblicas que nos permitirán abrir la cerradura de las cadenas de nuestros propios hábitos culturales y las puertas a nuestras propias paredes culturales'.[4] Entender que todos tenemos estas 'prisiones culturales' me ha ayudado en mi propio camino del ministerio. Yo tenía resultados fructíferos mientras trabajaba en mi iglesia en Michigan—creando muchas expresiones únicas de la fe cristiana desde dentro de la cultura nativoamericana que existía allá—y también trabajando con Wiconi International.

Mientras servía con el programa de los Hermanos en Cristo, yo creaba y utilizaba expresiones aptas para la cultura y tradición navajo. El Dr. Gilliland en *Paul's Theology of Mission* (La teología de la misión de Pablo) describe estrategias semejantes al trabajo misionero diciendo, 'El don más grande que un misionero o agencia misionera puede dar a una iglesia joven es el derecho de reflexionar y actuar sobre la vida cristiana por sí misma'.[5] Trabajar hacia una expresión apropiada para una iglesia verdaderamente indígena es nuestra meta. El personal y yo vemos nuestro trabajo como una obra mediadora de Cristo dentro del ambiente propio de los clientes. Pero para seguir realizando un cambio *sólido*, la innovación tiene que hacerse parte integral de la cultura del ministerio. Este tipo de cambio valiente pronto llega a un punto sin vuelta atrás—cuando las viejas formas de la 'prisión cultural' ya no dominan las nuevas formas.

---

[4] Lingenfelter, *Transforming Culture*, pp. 19-20.
[5] Gilliland, *Pauline Theology and Mission Practice*, p. 221.

La Misión de los Hermanos en Cristo ha sido lo suficientemente audaz para abrazar los cambios necesitados, y estos cambios se han desbordado en todas las áreas de su ministerio. El proceso de transición ha desarrollado estrategias nuevas y creativas también, pero han sido el resultado de tener una mentalidad experimental. Es esta mentalidad que promueve el desarrollo espiritual no visto en las estrategias antiguas para el tratamiento de adicción al alcohol. Es un proceso que encara bíblicamente y relacionalmente los problemas de conducta de los clientes utilizando ritual y ceremonia.

Entender los procesos de cambio y transición nos ayuda mientras analizamos las estrategias antiguas utilizadas por otros centros cristianos de tratamiento del alcohol. Al examinar los estilos occidentales antiguos, los cuales incluían sus propios rituales y ceremonias, podemos entender cuan *ligados a la cultura* que se habían vuelto. Como llevaban al mundo sus propias expresiones culturales de la fe, no es sorpresa que el cristianismo frecuentemente fuese visto como una religión extranjera y a los convertidos cristianos se les consideraba como 'forasteros en su propia tierra'. Es la verdad en mi mundo ministerial en el suroeste de los Estados Unidos, y es verdad en muchas otras partes del país. Muchas iglesias no-contextuales mantienen las formas extranjeras que han usado en sus ministerios por muchos años. Es la verdad de la mayoría de las iglesias en las reservas indígenas—básicamente siguen promoviendo los estilos ministeriales que les fueron enseñados por sus denominaciones. La generación actual de los pueblos nativos encuentra poco significado en estos estilos occidentales de ministerio. Pero siguen ocurriendo cambios; nuestro ministerio nativo ha cambiado de culturalmente restringido a culturalmente inclusivo.

5

El Campamento Familiar/*Powwow* Wiconi

Con la muerte repentina del Dr. Richard Twiss, presidente de Wiconi International, el día 9 de febrero 2013, mi mundo ministerial y estudios en Fuller cambiaron drásticamente. Además de la información acumulada del Programa de Tratamiento del Alcohol de los Hermanos en Cristo Vencedores (BICO), vi una oportunidad para aprender más enfocando la próxima fase de mi investigación en el proceso de cambio que ocurre entre los que asisten el Campamento Familiar/*Powwow* Wiconi y también en los cambios que el ministerio de Wiconi International estaba a punto de experimentar.

Wiconi International creó un lugar (el Campamento Familiar) donde un programa contextual nativoamericano y cristocéntrico puede tocar los corazones, mentes, y necesidades espirituales de las personas reunidas ahí. El Campamento Familiar/*Powwow* Wiconi (de aquí en adelante llamado el Campamento Familiar Wiconi o Campamento Familiar) alcanza más eficazmente a las personas nativas al nivel de su corazón que una misión de estilo occidental. El *powwow* y Campamento Familiar atraen a muchas personas nativas que viven dentro de un conflicto de fe y cultura. En el Campamento Familiar les invitamos a explorar cómo puede ser una vida cristiana como creyente nativoamericano. Ellos tienen la oportunidad de entrar en una nueva Integralidad Interna—lo cual *incluye* su Identidad cultural como cristianos nativos.

Richard Twiss relató la historia de una mujer del pueblo indígena *cree* de Estados Unidos que experimentó esta integridad interna en el

Campamento Familiar. Ella vivía dudando del amor de Dios para ella porque era nativa. Después de escuchar la enseñanza de Richard, dijo que ahora por primera vez creía que Dios la amaba completamente, y que ya no necesitaba sentirse avergonzada.[1] Otro asistente del campamento compartió que sintió que el Señor estaba devolviéndole las formas culturales nativas que el diablo había robado e intentado destruir. Ahora cree que es libre para volver a ser un nativo.[2] Estos son ejemplos de las vidas transformadas que hemos visto durante los eventos del Campamento Familiar Wiconi.

La estructura del Campamento Familiar Wiconi

El Campamento Familiar Wiconi toma lugar a fin de julio en el Campamento y Centro de Retiros Aldersgate en Turner, Oregon. La asistencia al campamento varía entre 250 a 300, en su mayoría familias nativas de la región del Pacífico Noreoste. Líderes de ministerios nativos de todo el país y otras personas interesadas de varios trasfondos también asisten. Empieza el campamento con la registración a las 16:00 el jueves y concluye el domingo al mediodía. El campamento está estructurado en torno a temas seleccionados, algunos que tratan de cuestiones de la familia y comunidad nativa, y otros dedicados a temas teológicos que cubren varios aspectos de hacer el ministerio entre iglesias nativoamericanas. Por ejemplo, en 2014 el tema del Campamento Familiar fue alabanza cristiana contextual, donde se hizo presentaciones y se habló de temas relacionados a la música. Populares músicos cristianos contextuales nativos estuvieron invitados a participar, incluyendo a Doctora Cheryl Bear (Primera Nación Nadleh Whut'en), y Jonathan Maracle (mohawk) y Bill Pagaran (tlingit) del grupo Broken Walls (Paredes Rotas).

El tema de 2015 fue la prevención del suicidio en comunidades nativas. Les mostraron a los asistentes un video creado por y para personas nativas llamado, 'A través del dolor'.[3] Después pastores y consejeros nativoamericanos y de las Primeras Naciones facilitaron diálogos y presentaciones serias pero optimistas sobre la prevención

---

[1] Twiss, *One Church, Many Tribes*, p. 163.
[2] Twiss, *One Church, Many Tribes*, p. 161-63.
[3] Se puede comprar este DVD en la sección de recursos en www.wiconi.com

del suicidio. Las tasas de suicidio en las reservas nativoamericanas y Primeras Naciones de Canadá son extremadamente altas.

El Campamento Familiar está ubicado agradablemente entre los cedros y los abetos Douglas del Noroeste Pacífico. También hay un riachuelo bello donde las familias disfrutan jugar en el agua y meditar. Los asistentes pueden escoger de una variedad de otros eventos para la familia. Hay actividades tradicionales de artesanía para mayores y menores. Las clases ofrecidas han incluido trabajo de adorno de cuentas, hacer platos de cobre, y la construcción de sonajas y tambores de mano. Actividades al aire libre han incluido un tobogán de agua, escalada de roca, un circuito de cuerdas altas, y voleibol. Wiconi escogió Aldersgate por su ambiente tranquilo y porque tiene un espacio lo suficientemente grande para realizar un *powwow* nativoamericano. Nuestro *powwow* es un evento tradicional donde los individuos van vestidos de su vestimenta formal tradicional y pueden danzar el ritmo del tambor de varios grupos musicales de tambor de la región.

Más que la mitad de las familias son nativas. Varias reciben becas. Algunas no podrían asistir sin ayuda económica debido al nivel económico bajo de muchas de las reservas en los estados de Washington y Oregón. También ofrecemos becas a veinticinco jóvenes y a los líderes de los grupos de jóvenes. Asisten al campamento varios líderes de ministerios nativos de una variedad de denominaciones incluyendo la Cuadrangular, Metodista, Bautista, y Asambleas de Dios. Cada año, cerca de un tercio de los asistentes del campamento participan por primera vez. En muchas ocasiones, tenemos a estudiantes de institutos bíblicos, misioneros, profesores de seminarios, y misiólogos que asisten el evento.

La agenda del Campamento Familiar Wiconi

La agenda típica del Campamento Familiar es así: Registración empieza a las 16:00, cena a las 17:30, seguido por un encuentro de alabanza en el auditorio dirigido por un grupo musical contextual. Después hay tiempo de compartir y compañerismo. El viernes empezamos desayunando juntos, luego nos reunimos para alabanza, y después tenemos la primera de las presentaciones que dura hasta el almuerzo. Despachamos a los niños a programas diseñados especialmente para ellos. La tarde está designada para el tiempo de manualidades y artesanías entre la familia y otras actividades de diversión. Después de la cena nos juntamos para una noche de talentos donde invitamos a las personas a compartir sus talentos personales, como cantar, actuaciones, rutinas de baile, poesía, y canciones de rap. El sábado por la mañana después del desayuno nos reunimos para otra presentación, y luego nos alistamos para el *powwow* tradicional, el cual dura desde el mediodía hasta las 22:00. El domingo por la mañana concluimos el fin de semana con nuestro último tiempo de alabanza y una presentación. Después de eso, los asistentes se despiden con abrazos y lágrimas.

Construyendo la casa de sudor

Uno de los aspectos más tradicionales del campamento es la construcción de las casas de sudor. Es una de las primeras actividades que empezamos al llegar al campamento. Yo llevo un grupo de personas interesadas y ayudantes y construimos dos casas de sudor. La casa de sudor es una estructura en forma de cúpula cubierta de lonas para mantener el calor dentro de la casa. El calor para la casa de sudor está producido con piedras que han sido calentadas a fuego por varias horas. Meten las piedras en la casa cuando se va a realizar la Ceremonia de la Casa de Sudor. Después de cumplir con los protocolos ceremoniales correctos, los que van a participar entran la casa y toman su asiento alrededor del círculo. Se mete un balde de agua a la casa y se derrama varios cucharones de agua en las piedras calientes, creando vapor que añade a la naturaleza purificadora de esta ceremonia espiritual.

El propósito de la ceremonia es ocasionar una purificación espiritual y física. Se llevan a cabo las Ceremonias de la Casa de Sudor en la mañana y en el atardecer (Explicaré este ritual y otros con más detalle en la próxima sección). La casa de sudor es parecida a la sauna de un club de gimnasio, como los dos usan calor y vapor. Los que participan en la casa de sudor experimentan no solamente una limpieza física del vapor caliente—también tienen una limpieza espiritual, mental, y emocional como resultado de las oraciones y conversaciones abiertas en la casa.

La estrategia del ministerio del campamento familiar

El Programa de Tratamiento del Alcohol BICO promueve la libertad del abuso del alcohol y otras sustancias además de la formación espiritual en Cristo. El ministerio del Campamento Familiar Wiconi enfatiza la diversión entre la familia, el compañerismo cristiano, y el crecimiento espiritual en Cristo. Prácticas espirituales contextuales son utilizadas en el ministerio del campamento.

    Como hay personas de una amplia variedad de trasfondos que asisten al Campamento Familiar, nuestra estrategia tiene que ser lo suficientemente flexible para satisfacer las varias necesidades ministeriales entre grupos e individuos. El énfasis principal de la estrategia de Wiconi es 'ver, oler, oír, sentir, y saborear lo nativo'. Richard Twiss pudo crear, con el apoyo de muchos seguidores y colegas, un lugar (Campamento Familiar) que reflejaba la cultura y la cosmovisión de los pueblos nativos.

    Mi intención es presentar una idea más clara de los rituales y las tradiciones nativas que hemos adaptado, utilizando el conocimiento obtenido del Movimiento de Ministerios Nativoamericanos Contextuales. Algunos de los aspectos culturales nativos enfatizados durante el Campamento Familiar son la alabanza con música nativa dirigida por músicos nativos, un centro de culto que refleja el estilo de Casa Larga de los pueblos nativos del noroeste pacífico, la enseñanza con un método nativo de contar cuentos, la enseñanza cultural durante el tiempo de artesanía, y el estilo tradicional del evento central—el *powwow*. Estas cosas representan solo algunos de los enfoques que hemos introducido.

    Richard Twiss quería mantener una estructura organizacional simple para el Campamento Familiar. La necesidad para este tipo de encuentro se evidenció por el éxito de una serie de conferencias llamadas 'Muchas Naciones, Una Voz'. Estos eventos fueron dirigidos por Wiconi y se llevaron a cabo en muchas ciudades por los Estados Unidos. Las conferencias fueron muy estructuradas y se enfocaron en el ministerio contextual, su filosofía, y sus métodos. Cuando dejaron de realizar estas conferencias, Wiconi tomó una dirección diferente al crear el Campamento Familiar. La idea era ofrecer un campamento donde los que trabajaban incansablemente en sus regiones respectivas pudieran reunirse y compartir sus historias de las batallas que enfrentaban para promover el ministerio contextual. Con menos estructura que la serie de conferencias, el Campamento Familiar iba a ser un lugar para divertirse y construir relaciones con otros que trabajaban en el ministerio contextual. Los que asistían el campamento se convirtieron en una familia muy unida, refiriéndose los unos a los otros como hermanos y hermanas, tíos y tías. Estos Campamentos Familiares son conocidos por ofrecer Ceremonias de Casa de Sudor contextuales a los asistentes donde los que son novatos con la casa de sudor podrían experimentarla en un ambiente seguro y cristocéntrico. El campamento tomó el paso adicional de ofrecer un *powwow* nativoamericano tradicional, dándoles a los participantes la oportunidad de vestirse en su respectiva vestimenta formal cultural y danzar como otros lo hacen en *powwow*s tradicionales por todo el país.

Un laboratorio vivo de ministerio contextual

Antes de describir las innovaciones culturales que usamos, hay que recordarnos que la contextualización no era un tema muy popular hace veinte años. La fundación de Wiconi International engendró una consideración más seria de la contextualización. Varios ministros y académicos nativoamericanos empezaron a tener sus propias ideas. Cuando luego empezaron a asistir el Campamento Familiar Wiconi, se formó una 'masa crítica', ¡y así comenzó el viaje!

La idea de Twiss de exponer a unos líderes a modelos de métodos de ministerio contextual en el Campamento Familiar Wiconi no era sino un golpe de genio. Si una fotografía vale mil palabras, entonces un ejemplo *vivo* vale diez mil palabras. El Campamento Familiar Wiconi fue creado para ser un laboratorio vivo donde destapamos la 'lata de la creatividad' y hacemos una expresión nativoamericana del cristianismo en un ambiente completamente nativo. Decidimos que el campamento debe ser más que alguna copia evangélica nativoamericana que se parece a mil otros campamentos cristianos. Mejor, queríamos ofrecer un evento ministerial innovador que satisface efectivamente las necesidades de personas nativas. Muchos de estos métodos innovadores fueron creados para incluir tradiciones étnicas que han sido pintados con una connotación negativa por los pastores y misioneros que no han tomado el tiempo para entenderlas.

Seleccionamos varias ceremonias y rituales que muchas tradiciones tribales tienen en común. Algunos de estos rituales y ceremonias sagradas incluyen: la Ceremonia de la Casa de Sudor, oración usando incienso (*'Smudging'*), danzar en el *powwow*, cantar con los tambores de mano y los tambores grandes, y tocar la flauta.

Pero primero, se necesita una palabra de explicación. Lo siguiente no es una descripción o explicación de los usos *tradicionales* de varios rituales o ceremonias comunes a los sistemas de creencias de los tribus norteamericanos, sino *más bien* son rituales y ceremonias que han sido 'retradicionalizados' como expresiones contextuales de la fe cristiana. Son *mis* re-interpretaciones de las formas y los significados tanto como el nativo tradicional y el practicante cristiano que soy. Las descripciones mostrarán cómo podemos tener la libertad para aplicar significados que honran a Cristo a rituales antiguos y crear expresiones funcionales que pueden satisfacer las necesidades espirituales de los pueblos nativos—necesidades que nunca fueron satisfechos cuando les presentaron el evangelio en el pasado.

Como dijo a San Francisco de Asís, mi estrategia es ser un evangelio 'viviente' (predicar el evangelio—y cuando sea necesario usar palabras). Lo que quiero decir es: yo *vivo* un estilo de vida de un nativo americano tradicional como un creyente en Cristo mayormente por mi *ejemplo* en vez de usar palabras en un sermón. Dirijo las ceremonias y los rituales sin mucho comentario interpretativo ni explicación. Pero para poder compartir el mensaje del evangelio más claramente con los que no conocen su herencia tradicional, tomo el tiempo con el grupo para instruirles los pasos del ritual contextualizado que estoy realizando. O sea, dirijo el ritual sagrado con comentario. Explico los siguientes rituales como un intento de crear un entendimiento del mundo del ministerio contextual, incluso en mi trabajo con el Programa de Tratamiento del Alcohol Vencedores de la Misión de los Hermanos en Cristo y el Campamento Familiar Wiconi.

La Construcción de la casa de sudor: Un acercamiento contextual

Cada año *a la llegada* al Campamento Familiar Wiconi, comenzamos la Ceremonia de la Casa de Sudor. Algunos pensarán tal vez que los únicos aspectos importantes de la ceremonia toman lugar en la carpa misma durante el ritual. No es así, porque la Ceremonia de la Casa de Sudor empieza con la construcción de la carpa y termina al desarmarla. Para las personas nativas, cada parte de la vida es sagrada—y eso incluye el proceso, no solamente el objetivo final. Las diferentes etapas del proceso de la construcción son precisas, empezando con limpiar el suelo donde se va a construir la casa, hasta poner tabaco en cada uno de los huecos donde se insertarán los postes. Cuando la carpa ya está armada, se pone las piedras en un hoyo listo para prender fuego. Así me enseñaron de esta manera tradicional.

Llegamos al Campamento Familiar con todos los materiales necesarios para construir la casa de sudor. Los materiales usados para hacer una carpa actual son diferentes que los que se usaba en el pasado para construir muchas casas de sudor 'tradicionales'. Yo he escogido usar materiales artificiales como tubería PVC para agua caliente, lonas de pintor, plástico grueso negro— ¡y hasta cinta de embalar! Mi opinión es que no importa tanto de qué está hecha la carpa—lo que importa es lo que ocurre durante la ceremonia. Uso la tubería plástica para crear la estructura en forma de cúpula. Tradicionalmente, la estructura estaría hecha de una variedad de árboles jóvenes largos y delgados. Hoy, la cubierta de la casa de sudor está hecha de lonas impermeables, mantas, y toldos. Las estructuras tradicionales estarían cubiertas de cueros de ciervo o bisonte, o a veces la corteza de los árboles.

Yo oro en el nombre de Jesús en cada etapa de la construcción. Abanicándoles humo de salvia, bendigo a cada persona que ayuda con la construcción. *Smudging*, visto como una forma simbólica de purificación, es abanicar el humo de salvia sobre la persona. Después de terminar la construcción de la carpa, nos reunimos para orar y agradecer a los que ayudaron. En mi tradición, los hombres y las mujeres tienen un papel que jugar en la construcción de la casa de sudor.

Es mi costumbre enseñar la Ceremonia de la Casa de Sudor desde el principio, incluyendo la instalación y la desinstalación. Muchos otros que dirigen casas de sudor solo enseñan con una casa ya construida. Algunos nativos tradicionales 'legalistas' tal vez dirán que los materiales que uso no son 'correctos' porque no son naturales o hechos de su manera tradicional porque los materiales de construcción son artificiales. Respondo de esta manera a esa clase de críticas: Así que dices que mis materiales no son 'tradicionales'. Entonces cuéntame, ¿dónde están los cueros de bisonte y ciervo para cubrir tu carpa? ¿Usaste una pala comprada de la ferretería para cavar tu hoyo para el fuego? ¿Y qué del balde de hierro galvanizado y el cucharón de plástico que usas para sacar el agua? ¿Y los fósforos y el líquido combustible que usas para prender el fuego? ¿Cortaste tus árboles jóvenes con un hacha de piedra o con un hacha o sierra de la ferretería? Para ellos, algunos materiales artificiales son aceptables y otros no. ¿Quién define quién tiene la razón? ¡Parece que el tradicionalismo es relativo!

La Ceremonia contextual de la Casa de Sudor

Una vez que está construida la carpa, los líderes y asistentes participan en la Ceremonia de la Casa de Sudor. Los que dirigen la ceremonia se llaman 'conductores'. Estos líderes son algunos de los ministros contextuales que asisten el Campamento Familiar. Vienen de varias tradiciones denominacionales y tienen sus propios estilos para dirigir el ritual. Las piedras son calentadas en un fuego al este de la entrada. Enseñan qué esperar durante el ritual antes de entrar la casa. Los hombres que participan usan pantalones cortos y las mujeres se visten de vestidos de sudor tradicionales, o una falda con camiseta, o pantalones cortos con camiseta, pero de todos modos se tiene que observar un buen sentido de la modestia.

Se trae un balde de agua con un cucharón. Se usa para derramar agua en las piedras calientes que han sido puestas en un hoyo poco profundo en el centro de la carpa. Entran las personas gateando en sentido del reloj hasta que todas estén adentro. El conductor se sienta a la derecha de la puerta y el ayudante a la izquierda. A mi manera de dirigirlo el conductor o un cantante designado dirige las canciones acompañado del tambor de mano. El ayudante o el conductor traslade las piedras calentadas en el fuego con una horquilla. El cuidador del fuego—una persona responsable por atender el fuego y llevar las piedras calentadas a la carpa con la horca—le pasa las piedras. Después el conductor le pide al cuidador del fuego de una forma tradicional (presentándole tabaco) que cuide el fuego y las piedras. Cuando todos estén en la casa, se mete adentro un número específico de piedras, determinado por el conductor. En esta Ceremonia de la Casa de Sudor contextual, yo empiezo con siete piedras y otras seis son agregadas para llegar a trece. Luego se puede traer tres más. Las primeras siete piedras representan las siete direcciones (norte, este, sur, oeste, arriba, abajo, y centro), honrando a la presencia de Dios en todas las direcciones de la creación. Las trece representan a Cristo y los discípulos. Las últimas tres representan al Padre, Hijo, y Espíritu Santo. Se baja la tapadera de lona en la puerta y comienza la próxima etapa del ritual.

Hasta aquí ocurre la 'Fase de Entrada' de una ceremonia de Rito de Paso. Una vez dentro de la casa de sudor, comienza la 'Fase Liminal'. Mientras que están dentro de la carpa, los participantes se sientan en oscuridad total hasta que yo prendo una vela como símbolo de la presencia del Espíritu Santo; la luz de la vela disipa la oscuridad. Uso las Escrituras para introducir esta imagen. Después dirijo el grupo en una oración de apertura y participamos en una canción contextual usando un tambor de mano nativo (*un instrumento musical aceptable*) y letra cristiana. Digo *instrumento musical* porque a través de los años misioneros han impuesto connotaciones negativas sobre muchas cosas culturales nativas, incluyendo los tambores.

Con las primeras dos etapas del culto cumplidas, pido a los participantes que tomen turnos para presentarse y compartir unos breves pedidos de oración para los cuales oraremos durante la ceremonia. Explico que pueden orar en el nombre de Jesús aquí— porque en muchas casas de sudor tradicionales no se permite orar en el nombre de Jesús. Yo explico además que esta casa de sudor ha sido bendecido en el nombre de Jesucristo, es designada para el culto cristiano, y es un lugar seguro para que sean auténticos y para orar. Mi oración de apertura fue un ejemplo para que ellos vean cómo pueden orar usando el nombre de Cristo. Entonces derramo el agua en las piedras calientes para crear el vapor que da a los participantes una limpieza física mientras también reciben una limpieza espiritual. Cuando todos hayan orado, la primera 'ronda' ha sido realizada. Tenemos descansos durante la ceremonia: entre cada ronda, se abre la tapadera de la puerta para permitir entrar aire fresco para refrescar a las personas. Durante la ronda siguiente, uso un poco de tiempo para hablar de cualquier cosa que el Señor ha puesto en mi corazón. En la ronda final dirijo una Santa Cena usando agua del balde y una tortilla o pan frito (un pan nativo tradicional) como los elementos. La Santa Cena finaliza la ceremonia y los participantes salen de la carpa.

Así termina la Fase Liminal, y los participantes se reintegran al mundo de nuevo. Se emergen de la cúpula de la casa como criatura nueva—como un bebé mojado del líquido amniótico del vientre.

Digo 'de nuevo' porque si nunca antes han participado en una Ceremonia de la Casa de Sudor contextual, su cosmovisión cristiana ahora se habrá expandido y se gana un sentido de libertad por el uso de un ritual nativoamericano a un estilo contextual. Ahora ellos pueden ver y crear una versión de este ritual en su propio ministerio y contexto tribal con un sentimiento más seguro de que están honrando a Cristo. Son más cambiados al ver que han sido disipadas las mentiras que les fueron contadas que sus formas culturales son malas e incorrectas. Por mis muchos años de experiencia en el ministerio contextual, ellos se sienten cómodos recibiendo estas enseñanzas y usándolas para alcanzar a los perdidos en sus respectivas comunidades.

Rituales contextualizados de oración que usan incienso: Humo Sagrado

Quemar incienso es parte integral de los varios rituales que realizamos en el Campamento Familiar Wiconi. Hay varias ocasiones cuando se usa *smudging* durante el Campamento Familiar: la bendición de las casas de sudor mientras se construyen, la bendición del auditorio donde realizamos nuestras reuniones, durante nuestra Ceremonia del Alba con la pipa cada mañana, la bendición del tambor antes de que cantan los cantantes, la bendición del sitio del *powwow*, y ceremonias de *smudging* personal para individuos. También se puede realizar este ritual en otras situaciones según sea necesario. Estos rituales no son nada diferentes que los que hacían los sacerdotes hebreos del Antiguo Testamento cuando tomaban incienso del Altar de Incienso, al lado de lugar Santísimo, y bendecían (o *smudging*) al Arca del Pacto.

Los pasos utilizados en el desempeño de estos rituales contextuales se parecen en algunos aspectos y son diferentes en otros. Intentaré describir tres de los rituales más comunes que tienen elementos en común con los otros. Hablaré de la Ceremonia de *Smudging*, la Ceremonia del Alba, y la bendición del sitio del *powwow*.

La Ceremonia de *Smudging* Personal contextualizada

En muchos casos se hace esta ceremonia para empezar una reunión o encuentro. El líder espiritual saca su caja de cedro. Se usa la concha de oreja de mar, la salvia, y el abanico de plumas de águila. Primero prendo fuego a la salvia y creo un fuego lento que produce humo constante. Después me hago el *smudge* a mí mismo jalando el humo sobre mi cuerpo con mis manos y dando una oración. Entonces empiezo a abanicar el humo, empezando hacia el este y moviendo en el sentido del reloj. Camino frente cada persona y si alguien está sentado, se para y acepta la bendición usando sus manos de una manera simbólica, jalando el humo sobre sí mismo—como si estuviera lavándose con el humo. Si la persona levanta la mano quiere decir que quiere hacer el *smudging*, y si su mano se queda en su regazo la pasamos y vamos a la próxima persona. Si alguien no puede pararse con comodidad, yo les hago el *smudge* mientras se queda sentado. En algunos casos las personas se quitan los lentes, que está bien porque así fueron criados. Sacarte los lentes es ponerte a un estado más natural como ser humano. Uno de los propósitos del *smudging* para este tipo de encuentro es para sacar simbólicamente cualquier negatividad que pueda existir para no llevarla al encuentro. Asegura así que la reunión se llevará a cabo sin problemas. Esto incluye sentimientos negativos como el resentimiento, la culpa, la decepción, situaciones no resueltas en sus vidas, y otras cosas. Una vez que cada persona ha pasado por el *smudge*, la reunión puede comenzar. A veces decido poner la concha y la pluma en la mesa, o en el piso, o puede ser que tomo el tiempo para guardarlo todo. Este es el método básico para dirigir una Ceremonia de *Smudging* de una forma contextual para cristianos nativos. Durante la ceremonia, los participantes sienten un sentido de limpieza y preparación para la reunión que se va a realizar. No todos experimentan las mismas emociones. Algunos pueden sentirse renovados en sus espíritus, y cada vez que toman parte en la ceremonia sienten el sentido de reverencia que uno se siente solamente en un ritual de *smudging*.

La Ceremonia del Alba contextualizada

Normalmente yo dirijo la Ceremonia del Alba en el Campamento Familiar. Como bien dice el nombre, se lleva a cabo esta ceremonia al amanecer. Se puede realizar la ceremonia de varias formas. Los navajos pueden usar el polen del maíz y rociarlo en un movimiento hacia el este, sur, oeste, y el norte, orando por el día nuevo. Los nativos de los bosques del norte pueden rociar tabaco en la misma manera y orar también. Se puede hacer la Ceremonia del Alba con la pipa de varias maneras dependiendo de la tribu. Porque yo soy cristiano, dirijo la ceremonia refiriéndome a Cristo y orando a Él, a quien reconozco como el Creador.

Empieza una fase de un Rito de Paso cuando inicio la Ceremonia del Alba. Puede haber varias personas que asisten. Entramos la ceremonia cuando abro la caja de cedro que contiene la bolsa de la pipa y las medicinas. Aquí 'medicinas' no significa las que puedes comprar en la farmacia, sino son plantas naturales que los indígenas usan para su aroma cuando las quemamos como incienso. Estas medicinas son la salvia, hierba dulce, cedro, y tabaco. Se hace humo de incienso al prender fuego a la medicina, apagar la llama, y dejar la medicina arder a fuego lento dentro de una concha de oreja de mar. Así se crea el humo que se usa para la bendición y para enviar oraciones al Creador. Yo uso tabaco, pero algunos usan una mezcla de hierbas, cortezas, y tabaco. Fui enseñado usar la pipa por tres ancianos tradicionales y los tres usaban tabaco.

Comienza la Fase Liminal cuando ordeno el recipiente de pipa, la cánula de pipa, la concha, y la pluma de águila. En seguido enciendo la salvia en la concha y bendigo cada cosa que se usará en la ceremonia, y a mí también. Después del *smudging*, oro sobre el tabaco y se lo doy a un ayudante para distribuirlo a los participantes. Cuando cada persona haya tomado algo de tabaco, lo devuelven a una bolsita que yo usaré para la ceremonia. En este momento junto el recipiente con la cánula de la pipa, lo cual crea simbólicamente el centro del universo. De esta manera, Dios dirige su atención a este grupo reunido para orar al amanecer. Con el fuego lento de la salvia, tomo una pizca de tabaco y lo bendigo and lo apunto hacia el este, y después lo pongo en la pipa. Repito esta acción hacia las otras direcciones, incluso hacia el suelo y el cielo. Al hacer esto, yo *no* estoy orando a las direcciones, a los espíritus, ni a los símbolos que algunas tribus ponen en cada dirección. Oro al Creador en cada dirección porque el Creador está en todas las direcciones. Me apunto a mí mismo como una séptima dirección, porque Creador-Jesús está también en mí. Una vez que está prendida la pipa, yo me bendigo con el humo de la pipa y lo repito apuntando la pipa y dando un soplo dc humo al aire hacia cada dirección. Termino apuntándolo hacia mí mismo. No comparto mi pipa para que otros la fumen; yo soy la única persona que la fuma. Cierro la ceremonia orando con palabras para las personas que asisten y después despido al grupo.

Hasta este punto, termina la Fase Liminal y los participantes entran al mundo de nuevo, habiendo participado en la Ceremonia de la Pipa con un aprecio por las oraciones enviados simbólicamente en el humo hacia Dios.

La bendición contextual del sitio del *powwow*

El propósito de esta ceremonia es preparar el sitio del *powwow* para los eventos del día. Se ora por un buen clima, por un viaje seguro para los que vienen al *powwow*, que el nombre de Dios sea honrado en el evento, que se harán amistades o que viejas amistades estarán reavivadas, y que este pedazo de tierra hoy sea separado hoy para dar gloria a Jesús.

Comienza esta ceremonia al abrir mi caja de cedro y sacar la concha de oreja de mar, la salvia, y el abanico de pluma de águila. Parado en medio del círculo del *powwow*, prendo fuego a la salvia para que arda a fuego lento y con el abanico de águila me bendigo abanicando el humo sobre mi cabeza tres veces. Después de bendecirme como lo hice en la Ceremonia de la Pipa, abanico el humo de la salvia a las siete direcciones. Después camino al lado este del círculo donde los participantes entrarán al escenario del *powwow* y abanico el humo a las direcciones y al cielo. Repito esta acción hacia el sur, oeste, y norte. Vuelvo al centro del escenario del *powwow* y cierro con una oración en silencio a Jesús. Si hay gente trabajando para alistar el espacio, se me acercan para recibir una bendición con el humo. Cuando todos han sido bendecidos apago el humo y devuelvo las cosas a la caja de cedro. Así termina la bendición y los trabajadores pueden empezar a armar el *powwow*.

La contextualización de prácticas nativas sociales y espirituales

Cristianos nativos y danzar en el *powwow*

En el pasado, los nativos americanos que querían participar en las danzas del *powwow* enfrentaron una fuerte desaprobación de la iglesia—no porque las dazas realmente eran incorrectas o malas, sino porque los misioneros y gente de las iglesias de otros trasfondos culturales lo percibieron así. ¿Por qué? Porque eran diferentes que las formas del misionero y por lo tanto eran vistas como sospechosas y paganas, y que no podrían ser utilizadas de ninguna manera como expresión de la fe cristiana. El *powwow* es mayormente un baile social y toma lugar en una comunidad. Los bailes sociales de los misioneros blancos también toman lugar en sus comunidades—no hay diferencia. Danzar en el *powwow* es un baile social. Es una forma de contar una historia para la persona nativa. Por ejemplo, mi estilo de danzar es el baile Tradicional de Hombres Norteños. En la danza cuento una historia de una batalla en tiempos de guerra o la caza de un animal para comer. Represento estas historias con varios pasos y movimientos de los brazos para ilustrar el cuento de una cacería o una batalla. Durante la danza cuento de cómo peleé, o la manera que rastreé y finalmente maté el animal.

El proceso de convertirse en un bailarín o una bailarina en el mundo del *powwow* es un Rito de Paso. Algunos toman el tiempo para aprenderlo y entran al círculo de baile de la forma correcta. Algunos ni saben que hay un protocolo para hacerse bailarín y entran el círculo sin tomar el tiempo para hacerlo correctamente. Hacerse bailarina o bailarín empieza con un deseo de hacerlo, y después la persona busca a un mentor para ayudarle a aprender qué significa ser un bailarín o bailarina. Se entra la Fase Liminal cuando la persona empieza el camino de hacerse un bailarín. Es el tiempo que pasa con el mentor haciendo su traje formal de danza, aprendiendo los significados del estilo de danza, y aprendiendo las diferentes canciones que podrías bailar. También aprendes la historia detrás de tu estilo de danza. Por ejemplo: con el estilo *Jingle Dress* (Vestido Tintineo) aprendes de dónde viene el estilo, por qué se usa conos metálicos (tintineos) cuando se hace el vestido, y por qué es considerada como una danza de oración—y un estilo de danza muy respetado además. Cuando esté completa la preparación, el mentor lleva a la persona al círculo de baile. El mentor pide permiso para tomar un poco de tiempo del evento y dar la bienvenida al nuevo bailarín o a la bailarina al círculo—dirige una ceremonia de baile para salir al público. Se pide a una persona respetada que hable a nombre del nuevo bailarín porque hablar por sí mismo es mal visto, como presuntuoso, y así se enfatiza la humildad. La persona que habla a nombre del bailarín puede hablar de sus buenas características y de sus logros.

El paso final para hacerse un bailarín en el círculo del *powwow* es bailar. Esta primera danza es muy ceremonial, y los otros bailarines entrenados en el mismo estilo se unen al nuevo después de que ha dado una vuelta por el círculo. Después todos los bailarines de ese estilo se unen para un 'tiempo de danza' juntos (Esta práctica puede variar entre tribus.). A veces los del mismo estilo danzan con el nuevo en su primera danza. Después de la primera danza, la comunidad sale al círculo del *powwow*, le da la bienvenida como bailarín, y después se unen para una danza más alrededor del círculo. La Fase Liminal ahora se ha terminado—ahora es un bailarín. Entonces comienza la Fase de Reintegración del Rito de Paso, la cual se realiza con la costumbre tradicional de dar regalos. La Fase de Reintegración es un proceso de brindar honor a otros al dar regalos en vez de recibirlos. El tiempo de regalo es nuestra forma nativa de mostrar nuestro aprecio a los que asisten el evento. Durante el tiempo de regalo, los regalos son distribuidos empezando con las personas de más honor. Normalmente son el personal de cabeza, el maestro de ceremonias, el director de la escena, y los ancianos. Después se da regalos al resto de la comunidad. Entonces el portavoz designado dice unas palabras de cierre, y agradece al comité del *powwow* por permitirles tener esta oportunidad.

El Canto contextual con el tambor
Durante demasiado tiempo se han acusado falsamente que los tambores nativos están asociados con espíritus malignos. Aquí comparto una historia de lo que yo creo que es cómo el tambor nativo obtuvo esta reputación negativa y engañosa. La historia dice que cuando se tocaba el tambor en la selva más profunda, en algún lado, existía también actividad de algunos espíritus malignos. Desde aquel momento, acusaban al tambor de 'traer a los espíritus malignos'. Pero no era el tambor que atraía a los espíritus, sino fue el acto de invitarles (convocarles) a que vinieran que les hacía venir—no el tambor. Solo que se estaban tocando el tambor cuando invocaban a los espíritus. Si se hubiera estado tocando cualquier otro instrumento musical en ese momento, entonces ese instrumento sería el instrumento asociado con la actividad de los espíritus malignos. Lo que yo pienso es, '¿Si fuera un piano que se tocaba en la selva en aquel tiempo, ese instrumento estaría asociado con convocar la actividad de espíritus malignos?' ¡Que ridículo!

Cantar con el tambor de mano o el tambor grande puede ser parte de muchos rituales y ceremonias nativas. El tambor de mano es principalmente un instrumento individual, y el tambor grande es para grupos que se sientan alrededor para tocar y cantar. A veces unos individuos tocan su propio tambor de mano a la vez que otros tocan el tambor grande. He usado el tambor de mano en cultos de la iglesia, en la casa de sudor, en funerales, bodas, y el *powwow*. Se toca el tambor grande en un grupo, más frecuentemente en el *powwow* para proveer la música para los diferentes estilos de danza. El tambor grande puede ser el único instrumento usado en un culto contextual de la iglesia. La Misión de los Hermanos en Cristo usa el tambor grande como el instrumento principal en su culto dominical. Hoy existen muchas clases de canciones compuestas por músicos contextuales disponibles para cantar con el tambor grande: canciones de honor, canciones de alabanza, canciones de bandera, y canciones de oración.

El Proceso de contextualizar los rituales y las ceremonias sagradas

Tal vez algunos podrían pensar que la incorporación de las expresiones de fe contextuales son innovaciones en el mundo Cristiano—pero no necesariamente fueron considerados como adaptaciones para implementar algún cambio. La intención de cada expresión es enfatizar a los cristianos nativoamericanos que pueden ser redimidos de las mentiras que les han contado sobre su cultura y así incorporar expresiones de su herencia que honran a Cristo en su vida cristiana. Nosotros incorporamos estos rituales adaptados (de sus tradiciones descuidadas y olvidadas por mucho tiempo) para usar en el Campamento Familiar Wiconi para satisfacer la necesidad de expresiones significativas de la fe cristiana entre los pueblos nativoamericanos. Esperamos reemplazar tradiciones cristianas occidentales que han perdido su significado—si alguna vez tenían algún significado—para personas de las Primeras Naciones. Nos enseñaron que la tradición occidental de la fe cristiana era '*la manera de hacer las cosas*'. Y funcionaba para algunas personas. Pero otras ahora se están dando cuenta que nunca tenían que *perder* su identidad nativa para *hacerse* cristianos. Ahora están viendo sus propias tradiciones utilizadas dentro de un ambiente seguro donde se acepta y se fomenta la experimentación. Deseamos ver que la contextualización de nuestras tradiciones (su cambio y adaptación) pueda llenar las necesidades del futuro para alcanzar eficazmente a las personas para Cristo.

Ahora, ¿el uso de rituales nativos contextualizados puede satisfacer las necesidades de las personas nativas en este paradigma nuevo—un paradigma donde sus rituales y ceremonias ahora están cerca de ser expresiones aceptadas de su fe en Jesús? Cuando miramos el camino histórico del evangelismo entre los pueblos nativos vemos una historia lúgubre. El gobierno y la iglesia trabajaban para erradicar muchos de los rituales sagrados y ceremonias practicadas por los pueblos nativos. Les obligaron a aceptar la religión y las formas espirituales de sus opresores. Así que las maneras sagradas de orar utilizadas por los pueblos nativos fueron reemplazados con la forma de orar de otra cultura. Cuando empezamos a trabajar desde un paradigma contextual, se abren muchas avenidas para presentar el evangelio de Cristo.

Pueblos nativos usaban el ritual de la casa de sudor por generaciones, y les daba una manera de relacionarse con el mundo espiritual y fortalecer relaciones dentro de sus comunidades. El acercamiento contextual de la presentación del evangelio a los pueblos nativos les permite volver a los rituales familiares de sus ancestros. Dentro de este acercamiento ahora podemos usar el mismo ritual; pero en vez de que la persona nativa ora al mundo de los espíritus y a los dioses que conocían antes de su fe en Cristo, ahora puede usar el ritual para orar al Dios verdadero conocido en la persona de Jesucristo. Las funciones originales (purificación, oración, fortalecer relaciones) se mantienen, pero de una forma que honra a Cristo.

Este es mi punto de partida para el ministerio a personas nativas en la Misión de los Hermanos en Cristo y también en el Campamento Familiar Wiconi. En cada una he tomado la libertad de crear nuevas versiones de rituales antiguos. Y he empezado a ver cambios en las vidas de las personas nativas.

Mencioné que la Ceremonia de la Casa de Sudor en Vencedores y en el Campamento Familiar Wiconi es un ejemplo de un Rito de Paso. Los clientes o los participantes del campamento entran este ritual en la Fase Liminal donde cambios de vida pueden ocurrir. En la Fase Liminal, se cultiva confianza entre el personal y los clientes, se gana una nueva perspectiva de la ceremonia, y se siente un sentido de normalidad como el ritual usado por sus ancestros ahora está usado para rendir culto a Cristo. Yo veo que cuando oran los clientes en la casa de sudor, hay una sensación de catarsis y las oraciones dadas en la casa de sudor indican una conexión renovada y bienvenida con el Creador. La adición del calor y el vapor es una experiencia placentera con un sentido de normalidad cultural. Esta forma de orar—durante mucho tiempo negado a los pueblos nativos—ahora ha sido revivida para su uso como una expresión de su fe cristiana.

Los clientes del programa Vencedores y los participantes del Campamento Familiar describen experiencias espirituales semejantes durante la Ceremonia de la Casa de Sudor. Los dos ministerios incluyen ceremonias adaptadas contextualmente que fomentan el crecimiento y son un ejemplo de una renovación del ritual nativo de una forma cristiana. De manera similar, el uso del incienso en rituales de oración se está reapareciendo—es un ritual incluido en la Ceremonia de la Casa de Sudor y en la Ceremonia de la Pipa. Varias personas dijeron que sienten que sus oraciones son más 'fuertes' cuando están incluidas con la Ceremonia de la Pipa. Cuando yo dirijo la Ceremonia de la Pipa, paso un plato de madera con tabaco para que todos que quieren participar puedan tomar una pizca en su mano y orar con el tabaco, y después ponen su tabaco en otro plato de madera. Entonces tomo algo de la mezcla de tabaco y lo pongo en la pipa para fumarlo hacia las direcciones, enviando sus oraciones. El acto de oración con participación de un grupo crea un sentido de comunidad, sabiendo que se envía las oraciones de todo el grupo a Dios. Cuando hago la Ceremonia de la Pipa, actúo como sacerdote dando una oración durante el culto de una iglesia. Cada vez que las personas participan en este estilo de oración se ponen más cómodos con el uso del incienso.

Como cristianos, reconocemos que Dios ya sabe las peticiones de nuestras oraciones aun antes de que le pedimos porque conoce nuestros corazones. El uso de los rituales y las ceremonias entre las personas nativas les da un espacio cómodo en el cual pueden rendir culto en oración—dándoles el simbolismo necesario para conectarse culturalmente con su herencia. Y esto no es algo exclusivo de los pueblos nativos. Semejantes rituales y acciones simbólicas son utilizados dentro de nuestras iglesias contemporáneas. Por ejemplo: llenar una tarjeta de oración para que el pastor lo lea en voz alta, levantar las manos para simbolizar una oración no compartida, compartir verbalmente un pedido de oración con el grupo, compartir unas oraciones con una cadena de oración, el tocar música suavemente durante el tiempo de oración, levantar las manos mientras oran, arrodillarse con las manos dobladas y la cabeza inclinada, y encender velas. Probablemente hay muchos más.

Aprender a ser un bailarín o bailarina de *powwow* también es un camino espiritual y les trae satisfacción o plenitud a muchos. Durante los años que participamos y luego dirigimos el Campamento Familiar, hemos tenido el honor de traer a bailarines dentro del círculo del *powwow* para sus ceremonias de primer baile. Es un paso grande en sus caminos espirituales, y cuando Cristo está en el centro, puede ser el impulso necesitado para su desarrollo espiritual. Tocar y cantar con el tambor nativo puede tener el mismo efecto espiritual sobre los que quieren usar el tambor como una expresión de su fe cristiana. Todos sabemos que cantar los viejos himnos cristianos con las cuales fuimos criados es significativo para nosotros. Con los años, las canciones contextuales más nuevas se han vuelto tan significativo para mí que los viejos himnos que escuchaba durante todo mi niñez. Esto también se ha hecho realidad entre los que participan en nuestros eventos del Campamento Familiar. Me he parado cerca del escenario con los artistas y he mirado a la audiencia mientras siguen las letras contextuales y cantan.

Fomentar el uso de estos rituales como prácticas aceptables era un desafío y costó mucho discernimiento y oración—por no mencionar también un entendimiento profundo de los rituales mismos. Reconocemos que no existe nada salvífico en estos ni en ningún ritual cultural, pero son útiles porque los participantes indígenas entienden su significado simbólico. Este tipo de cambios y transición requieren un periodo liminal para procesar el ritual implementado. Esta Fase Liminal es un espacio natural para la experimentación y la prueba y error—y un ritual aceptable para usar dentro de la comunidad emergente de nativos americanos contextuales.

Sondeo del impacto espiritual del Campamento Familiar/*Powwow* Wiconi

Entrevisté a diez participantes del Campamento Familiar Wiconi para indagar sus percepciones del éxito e impacto del Campamento Familiar por los últimos diez años. Varios temas se hicieron evidentes tanto en la investigación de Wiconi como en la del Programa de Tratamiento del Alcohol BICO.

La importancia de la formación de familia y relaciones cristianas fue el tema más sobresaliente. Varios participantes del Campamento Familiar dijeron que el campamento les hizo sentir como parte de una familia. Se anuncia el campamento como 'Campamento Familiar', y los que asisten son de varias familias nativas y otros que están involucrados directamente en alguna forma de ministerio cristiano nativo. Al principio, el Campamento Familiar era un lugar para que estos ministros se reunieran y desarrollaran relaciones con otros que también luchaban 'en las trincheras' del ministerio contextual. Debido a esta característica compartida, muchos son bendecidos y crecen profundamente en su relación con Cristo y los unos con los otros. Tanto los participantes y el personal crecen en su fe. Para los entrevistados, estar cerca de otros creyentes estaba visto como algo muy importante en su camino de fe.

Cuando decidimos abrir el *powwow* al público, la gente local que asistía también tomaba nota del ambiente familiar y relacional que ya experimentaban los participantes del campamento. Un miembro de la comunidad de Turner, Oregon dijo, 'Nos gusta como ustedes los cristianos hacen un *powwow*'. El *powwow* tiene muchas danzas donde la audiencia puede participar. La 'Danza Intertribal' es para todos y se puede bailar con o sin un traje formal de danza. Otra danza que se ofrece es la 'Danza del Cambio' donde una bailarina pone su mantón en la espalda de un amigo o invitado y ese hombre tiene que bailar al estilo de una mujer. Crea un tiempo muy agradable y divertido con mucha risa. Otra danza es la 'Danza de la Papa' donde cada pareja tiene que sostener una papa entre sus frentes e intentan danzar sin que se caiga la papa. La ganadora es la última pareja que sigue danzando con la papa entre sus frentes. Todos estos eventos mencionados subrayan la importancia de las relaciones sociales en el campamento y el *powwow*.

Incentivamos el crecimiento espiritual durante los tiempos de presentación en el Campamento Familiar cuando oradores invitados comparten de sus experiencias en el ministerio. Escuchan y contestan preguntas relacionadas a la importancia de una fundación bíblica para el ministerio contextual. Las presentaciones están repletas de ejemplos bíblicos y son para los asistentes un verdadero aliento para sus caminos de fe. Más que uno ha dicho, 'Nunca he visto eso en las escrituras antes'. En 2014 el tema del campamento se enfocó en los ministerios musicales de varios de nuestros líderes contextuales. Invité a los conferencistas a hablar de lo bueno, lo malo, y lo feo de sus caminos en el ministerio y que concluyeran con el lado positivo de sus experiencias en el ministerio—compartiendo los muchos aspectos positivos del ministerio musical contextual. Estas presentaciones ofrecen un vistazo a las situaciones de la vida real de estos músicos y, al hacerlo, ayuda a cultivar el camino de fe de cada asistente. Muchos ven la importancia del estilo contextual del programa para poder llenar las necesidades de los participantes. Cuando les pregunté cómo recibieron el programa, uno respondió, 'El estilo del campamento es justo lo necesario para aprender cómo ser contextual'.

La Ceremonia de la Casa de Sudor es otra tradición cultural que utilizamos en el Campamento Familiar para fomentar el desarrollo espiritual. Enseñamos la historia y la construcción de la carpa. Si desean, los asistentes del campamento pueden participar (y les animamos que lo hagan) en una de las Ceremonias de la Casa de Sudor dirigidas por ministros calificados. Ofrezco una Ceremonia de la Casa de Sudor para principiantes. En este ritual para principiantes, mantengo el calor de la casa más bajo que en las ceremonias ofrecidas para los que tienen más experiencia en el ritual de la Ceremonia de la Casa de Sudor. Además de la casa de sudor para novicios, Lora y yo ofrecemos una casa de sudor de 'sanación' para hombres y mujeres juntos que dirigimos para jóvenes y mayores por igual. Mi práctica ha sido limitar la edad de participación a los doce años para arriba. Mantener la temperatura más baja para los participantes crea un ambiente de seguridad en la casa de sudor para aprender lo básico del ritual. En esta ceremonia mi esposa Lora y yo motivamos a los participantes a que se abran para compartir algunos de sus problemas mentales, físicos, emocionales, y espirituales para que podamos orar por ellos en ese momento. Haciendo esto, la casa de sudor se convierte en un lugar muy importante para la sanación espiritual de muchos participantes. Después de participar en estas ceremonias, todos los que respondieron dijeron que reconocieron un sentido de restauración que les ayudó en su desarrollo espiritual.

Muchos que asisten al Campamento Familiar ven el uso de los instrumentos musicales nativos como un factor importante en su crecimiento espiritual. El personal y los conferencistas afirman la utilidad de las canciones de tambor cantadas por hombres nativos cristianos. Varios compartieron que están aprendiendo las canciones contextuales, y cómo estas canciones se han convertido en una parte importante de sus vidas. También dijeron que otros instrumentos incluyendo los sonajas, las flautas, y los tambores son útiles en los cultos de canto. El tambor ha sido un elemento fijo en el Campamento Familiar Wiconi desde el principio. Muchos cristianos tienen miedo del uso del tambor nativo en la alabanza cristiana. En el Campamento Familiar oramos por el tambor y las canciones cantadas tienen letras cristianas. Muchos de los temores sobre el tambor se disipan durante los tiempos de alabanza, como intencionalmente promovemos una imagen positiva de los tambores y el canto en estilo nativo. Buenos sentimientos reemplazan el temor acerca del tambor y muchos se vuelven más cómodos con su uso y hasta participan en las canciones.

Mis evidencias revelaron una perspectiva de los rituales y ceremonias como verdaderamente sagrados para los participantes del Campamento Familiar y el *powwow*. Me encantó escuchar de una pareja que quería 'seguir volviendo para aprender más' de mis enseñanzas.

El Tema de ritos de paso en el Campamento Familiar Wiconi

El mundo de ministerio contextual para mi es tan conocido que se me hace difícil a veces comunicar a otros qué es lo que realmente queremos lograr dentro del Movimiento Nativoamericano de Contextualización. En mi estudio tuve que buscar temas más profundos que emergían de las respuestas. También yo busqué temas de Ritos de Paso en los datos del Campamento Familiar Wiconi y el programa de los Hermanos en Cristo Vencedores, y hallé muchas cosas en común. El tema de Ritos de Paso apareció en los dos. Más que la mitad de los entrevistados mencionaron conceptos relacionados al tema de entrar y salir de la Fase Liminal. Es importante notar que los clientes de Vencedores entran un programa residencial de tres meses mientras los participantes de Campamento Familiar entran un pasaje liminal mucho más corto pero estructuralmente parecido de tres días. Más que un participante del Campamento Familiar dijo que cuando llegó al campamento tenía un sentimiento de que, 'Algo de este campamento va a ser diferente'. El tiempo varía entre las ceremonias donde se realizan los Ritos de Paso. Pueden durar horas o días, y otros como el programa de tratamiento duran meses. Mientras los clientes de Vencedores están aislados del mundo exterior, los participantes del Campamento Familiar se aíslan voluntariamente cuando se registran para el campamento. Setenta y cinco por ciento dijo que el periodo de aislamiento es lo que hace que estos eventos sean más productivos en las vidas de las personas. Un campista dijo, 'Estos tres días parecen una semana entera'. La separación y el aislamiento son los primeros pasos de los Ritos de Paso, la 'Fase de Entrada'. Mientras los participantes se ponen más cómodos con el ambiente, ganan una sensación de libertad mientras aprenden nuevos conceptos. Sesenta y dos por ciento de los entrevistados lo afirmaron. Muchos también dijeron que se sintieron que el campamento fue un lugar seguro para aprender. Esta información nueva viene de las presentaciones y la práctica real de los rituales de los cuales solo habían escuchado pero no les era permitido practicarlos en sus iglesias. Cuando los asistentes se pusieron cómodos, empezaron a estar más conscientes de una nueva identidad a su alcance y empezaron a adueñarse de ella. Con cada experiencia nueva que encuentran en lo ritual y ceremonial, esta nueva identidad cristiana florece. Empieza a ocurrir el cambio y la transición, como 62% dicen que el ritual y la ceremonia son muy importantes. Un campante dijo, 'Ahora me siento orgulloso de ser nativo'. Al final del campamento, los asistentes contaron como el campamento había cambiado su perspectiva de sí mismo y también la manera que viven un estilo de vida verdaderamente nativo y cristiano. Algunas de estas experiencias positivas toman lugar cuando los campantes asisten su primera casa de sudor dirigido por cristianos. Otros momentos cruciales ocurren para los participantes cuando ven a los otros que están participando en su segundo o tercer campamento bailando en el *powwow* en todo su traje formal típico de baile. Les impacta cuando se dan cuenta que estos nativos son creyentes en Jesucristo.

Se observa muchos paralelos cuando se compara los datos recolectados del Programa de Tratamiento del Alcohol BICO y el Campamento Familiar y *Powwow* de Wiconi y he concluido que si podemos permitirnos ver que toda la vida es sagrada y dejar que las personas nativas—ya sea en el campamento o en el programa de tratamiento—vivan libremente en su propio piel nativo, se experimentarán muchos Ritos de Paso.

Los resultados de la investigación son convincentes e indican que se debe seguir integrando las estrategias contextuales en el ministerio nativo. Dr. Richard Twiss era uno de los predecesores de este movimiento. Después de su fallecimiento, el personal y la junta de Wiconi enfrentaron un periodo de cambio y transición. Perseveraron, sin saber en qué se convertiría Wiconi con el tiempo. Twiss y sus colegas pudieron crear, con la guía del Espíritu Santo, un enfoque contextual para el ministerio que ellos sentían que era lo necesario para crear un futuro preferido para nuestras comunidades nativas.

Existen pocos pensadores creativos de este calibre, pero sí hay entre nosotros. Como el director actual de Wiconi, es un honor para mí usar las capacidades que me han sido dadas para ayudar a mover Wiconi hacia el futuro. Este camino continuará siendo un proceso. 'Son muy pocos los pensadores creativos (entre dos a cinco por ciento de la población), pero no necesitamos muchos de ellos para crear un mundo emocionante y estimulante. Son los que piensan fuera de la caja, artistas, inventores y profetas'.[4] Yo nunca me imaginaba que estaría incluido en un grupo así.

---

[4] Alan Nelson and Gene Appel, *How to Change Your Church (Without Killing It)* (Nashville, TN: Thomas Nelson Publishing Group, 2000), p. 75.

6

ANÁLISIS Y COMPARACIÓN DE LOS MINISTERIOS DE BICO Y WICONI: TEMAS Y PROCESO RITUAL

El propósito de hacer la investigación en el Programa de Tratamiento del Alcohol de los Hermanos en Cristo Vencedores (BICO) era descubrir los factores que contribuyen a la recuperación de los hombres y ver si los métodos contextuales tienen un papel significativo en este proceso. Inicialmente yo había pasado mucho tiempo buscando la eficacia de los métodos contextuales y perdí algunas otras realidades presentes. En el segundo análisis, empecé a notar varias cosas en común que emergían de los datos: (1) La importancia que dieron los participantes al uso de la enseñanza bíblica en el programa, (2) La influencia del estilo de vida cristiana de los miembros del personal que interactuaban con los clientes, y (3) La influencia de los 'Ritos de Paso' en vista del efecto de un pasaje liminal.

En mi análisis del ministerio del Campamento Familiar Wiconi, descubrí que los mismos tres temas estaban evidentes. Como noté cuando estudiamos los resultados de BICO, la importancia que los participantes de los dos programas dieron a la enseñanza bíblica tuvo más significado que el uso contextual del ritual, aunque este fue importante también. En el Campamento Familiar la influencia del estilo de vida cristiano del personal también fue influyente. El tema de Ritos de Paso también estuvo ahí. Ambos programas—aunque muy diferentes—ilustran un camino por Ritos de Paso. Los dos ministerios motivan a los individuos a buscar una forma de vida más positiva y considerar cómo ser mejores personas como cristianas y cristianos nativos. También proveen una exploración de los rituales y las ceremonias que pueden llevarle a uno a convertirse en una nueva creación en Cristo.

Durante mi trabajo con el programa de BICO, descubrí que la enseñanza bíblica está enormemente reforzado cuando está modelado por los estilos de vida cristianos del personal porque se interactúan diariamente. Un Rito de Paso es un camino que Victor Turner describe como compuesto de la Fase de Separación, la Fase Liminal, y la Fase de Reintegración.[1] La Fase de Separación empieza cuando los clientes entran el programa. Los tres meses en el programa constituyen la Fase Liminal. La reintegración de los clientes ocurre cuando entran el mundo de nuevo. Se convierten en peregrinos comenzando un viaje, habiendo sido cambiados físicamente, mentalmente, emocionalmente, y espiritualmente a través de un Rito de Paso.

Los que asisten el Campamento Familiar Wiconi también pasan por una ceremonia de Rito de Paso. Se separan de su hogar para entrar en el programa durante el tiempo de registración. Los tres días del Campamento Familiar representan la Fase Liminal, y el final del Campamento Familiar indica su Reintegración con el mundo. El Campamento Familiar Wiconi fue establecido sobre principios bíblicos, guiado por el Espíritu Santo. Richard logró crear—con la ayuda de sus colegas—un espacio único donde se podría cambiar vidas en comunidad con otras personas nativas. El Campamento Familiar es un lugar donde los individuos pueden entrar el programa (Fase de Separación), experimentar la inmersión en formas de vida contextuales acompañados de otros que aceptan completamente ese estilo de vida (Fase Liminal), y terminan con una ceremonia de clausura y después se reintegran al mundo como cristianos contextuales que siguen madurándose. Toda esta experiencia muestra las marcas de un viaje por un Rito de Paso con rituales y ceremonias diseñados para renovar la mente del individuo mientras considera el paradigma contextual.

La información recolectada de las entrevistas a individuos y a grupos reveló semejanzas y diferencias en el Programa de Tratamiento del Alcohol BICO y el Campamento Familiar Wiconi.

---

[1] Roxburgh, *The Missionary Congregation*, p. 27.

Los rituales y ceremonias que vamos a analizar incluyen el uso 'contextual' de la Ceremonia de la Casa de Sudor, la Ceremonia de la Pipa, Danzar en el *Powwow*, cantar con el tambor, y el Ritual de *Smudging*. Enfatizo *contextual* porque estas mismas ceremonias y rituales son usadas en comunidades nativas por individuos que no profesan fe en Jesús.[2] Estas cinco ceremonias/rituales son utilizadas en ambos programas. Las examinaré y compararé su uso en el programa de BICO y el Campamento Familiar, mirándolas desde la perspectiva de los Ritos de Paso como un componente crítico para el desarrollo espiritual. Las áreas de comparación estarán enfocadas en la enseñanza bíblica, la importancia del estilo de vida cristiana del personal, y la influencia del concepto de Ritos de Paso. Al mismo tiempo miraré su efecto sobre el sentido de lo sagrado y lo ceremonial que toma lugar en la Fase Liminal de un Rito de Paso. Otra área que descubrí de los programas de BICO y el Campamento Familiar fue que el uso de los elementos culturales causó una opinión positiva de su herencia nativa e incrementó la autoestima de los clientes y de los campantes.

El tema del Rito de Paso no fue incluido en mi primer análisis como solo estuve buscando la eficacia de enfoques contextuales. Pero cuando me permití mirar la información mucho más de cerca, encontré evidencia del uso de Ritos de Paso, un tema que parece ser una parte importante de la recuperación de un cliente o del desarrollo espiritual de un campante. Un camino exitoso por un Rito de Paso es clave para la recuperación y el desarrollo espiritual en Cristo—no solamente la incorporación del ritual y la ceremonia.

La Ceremonia de la Casa de Sudor

La incorporación de varios rituales y prácticas en la Ceremonia de la Casa de Sudor—también conocido como 'la sudoración'—crea un ambiente de relación y cultiva confianza. La Ceremonia de la Casa de Sudor en el programa de BICO se ha convertido en una parte destacada de su estrategia de recuperación. De manera similar, en el

---

[2] Lo que estoy diciendo es que los rituales y las ceremonias que estoy usando han sido bien pensados bíblicamente y teológicamente, en oración, utilizando contextualización crítica con praxis para crear nuevas formas. Como practicante, estos significados reflejan mis creencias cristianas y no las de un practicante no-cristiano.

Campamento Familiar la Ceremonia de la Casa de Sudor forja relaciones y confianza. Las casas de sudor en el programa de los Hermanos en Cristo son construidas por los participantes, y compartimos historias tradicionales sobre los orígenes de la sudoración y su uso tradicional y contextual. El simbolismo cristiano utilizado en los dos lugares ayuda a disipar los temores que rodean el uso no cristiano de la ceremonia.

Yo dirijo la Ceremonia de la Casa de Sudor usando varios elementos de la Ceremonia de la Casa de Sudor *no contextual*. Las adaptaciones que he implementado fueron incluidas como resultado de varios años de buscar dirección en las escrituras y experimentar con métodos contextuales. El ritual usa una estructura en forma de cúpula de la misma manera que la mayoría de las casas de sudor tradicionales. Uso piedras de lava calentadas en un fuego al aire libre. Como ya hice notar, no me preocupo por seguir una forma legalista de como se debe hacer una casa de sudor, entonces decidí usar tubería plástica para agua caliente en la construcción de la cúpula. Mi razón por hacer esto es que no importa tanto de qué está hecha la casa de sudor como las oraciones compartidas adentro donde yo me enfoco durante este tiempo de 'no estar en ningún lado'. No enfatizo demasiado la oscuridad, lo cual es característico de la casa de sudor tradicional—más bien yo incluyo una pequeña vela durante la ceremonia. Hacer esto disipa la oscuridad mientras comparto que la llama es un símbolo del Espíritu Santo. Los participantes—la mayoría de los cuales son novatos en esta experiencia—se sienten más tranquilos con el uso de la vela, la cual ayuda a crear un ambiente de seguridad. He estado en casas de sudor tradicionales y la oscuridad da un sentimiento de desasosiego—como estar debajo de la tierra. Además, no llamo a 'los espíritus' (plural), sino solo a Dios el Espíritu Santo que esté en nuestra presencia mientras caminamos juntos. Esto también trae un sentido de seguridad que permite a los cristianos que son nuevos en esta experiencia a participar más plenamente.

Sí hago la sudoración a una temperatura alta para los que ya conocen mi método porque tienen más conocimiento del ritual contextual y están acostumbrados al calor. Para los principiantes uso una temperatura más baja para que nadie tenga que salir de la carpa por estar demasiado incómodo. Permite que los nuevos vean el potencial de la casa de sudor para ser un lugar muy positivo para compartir oraciones. Mi enfoque principal está en *la oración* y no en la sudoración como una prueba de resistencia. Existe un lugar para la Ceremonia de la Casa de Sudor 'caliente', pero para mis propósitos me enfoco en el acto de oración y el proceso de sanación que puede ocurrir para los que han sentido amenazados por la sudoración tradicional. A veces los participantes más experimentados, los que están acostumbrados a la casa muy caliente, crean involuntariamente un ambiente de competencia. Dirijo la sudoración a una temperatura más baja tanto en el programa de los Vencedores como en el Campamento Familiar. En estas dos casas de sudor contextuales, se experimenta un Rito de Paso. La Ceremonia de la Casa de Sudor es considerada un ritual/ceremonia sagrada que puede ser visto como una ceremonia de Rito de Paso en sí mismo. Hay el tiempo de preparación antes de entrar; la entrada (Fase de Entrada); el tiempo dentro de la carpa (Fase Liminal); el final de la ceremonia; la salida de la casa de sudor; y la reintegración con el mundo. El programa de los Vencedores puede ser considerado como una ceremonia de Rito de Paso igual como todo el programa del Campamento Familiar Wiconi. La Ceremonia de la Casa de Sudor dentro de cada uno puede ser básicamente una ceremonia de 'Rito de Paso' dentro del Rito de Paso más grande de los programas mismos.

Probablemente el aspecto más significativo de la Ceremonia de la Casa de Sudor que hago ocurriera durante la conclusión cuando celebramos la Santa Cena usando el modelo de Lucas 22.1-23. Tengo la libertad de diseñar un culto de Santa Cena usando pan frito indio sin levadura o tortillas como la hostia. En vez de vino, tomamos el agua del balde que usamos para derramar agua sobre las piedras calientes. Empecé a hacer la Santa Cena de esta forma debido a mi sueño/visión donde vi la eucaristía realizada (sin ninguna influencia occidental) por un joven nativo en su búsqueda de visión. Durante la búsqueda de visión de este joven, le fue revelado por qué el Cristo tenía que morirse. En honor a esta visión, tomó la carne cocida del conejo y una concha llena de agua y actuó la Santa Cena sin seguir estrictamente el cuento bíblico de la Santa Cena. ¡Él celebró un servicio eucarístico *indígena*! Por eso enseño a los clientes sobre la libertad que tenemos para participar en un culto de Santa Cena contextual, y como pan frito o tortillas pueden representar y simbolizar el cuerpo verdadero de Cristo, y el agua del balde puede representar su sangre.

He tenido muchos años de experiencia dirigiendo la Ceremonia de la Casa de Sudor contextual en el programa de los Vencedores. Vencedores era mi área de entrenamiento para el desarrollo de esta ceremonia con el enfoque en oración a Cristo, el uso de la vela, materiales de construcción innovadores, y el uso de la Santa Cena como parte de la clausura. El tiempo que pasé con los Vencedores antes de trabajar con el Campamento Familiar Wiconi marcó la diferencia para que se aceptara la ceremonia. Cuando Richard Twiss escuchó de mi método, nos invitó a ser parte del ministerio de Wiconi. Lo que podía hacer Richard en promover los conceptos y el conocimiento filosófico de los métodos contextuales, yo podía hacerlo en la práctica real, siendo un cristiano y un practicante tradicional.

El conocimiento ganado en toda la sudoración puede ser inmenso, no hablado, y hasta una experiencia subliminal. Los clientes de Vencedores y las personas del Campamento Familiar aprenden mucho tanto activamente como indirectamente—intentamos enseñar los protocolos que las personas nativas como yo conocemos y tomamos por sentado. Cuando un principiante experimente el evento, participa en un aprendizaje activo que solo viene con la participación. Lo que hace que la Ceremonia de la Casa de Sudor sea un Rito de Paso está en las varias tonalidades encontradas durante la ceremonia. Muchos han mencionado que han sentido la presencia de Dios mientras que participan en la versión contextual del ritual. Muchos también dijeron que la ceremonia contextual no les dio tanto miedo como esperaban, y que fue una manera de honrar a Dios en oración de una manera completamente indígena. Creyeron que la presencia de una casa de sudor en el contexto de un campamento cristiano era apropiada para la estructura general del campamento. Muchos reconocieron que la ceremonia—con su incorporación de su cultura en el culto cristiano—se convirtió en una expresión auténtica de su fe personal.

La Ceremonia de la Pipa

Como con la Ceremonia de la Casa de Sudor, existen formas tradicionales de usar la pipa en muchas tribus, y cada una es sagrada y usada con la máxima humildad y respeto. El uso de la pipa de la manera contextual tiene muchas de las mismas características encontradas en su uso tradicional. Un requisito importante es guardar el protocolo ortodoxo de su uso. O sea, si la pipa es legado a alguien de la misma tribu, la Ceremonia de la Pipa tradicional enseñado por el Portador de la Pipa a un aprendiz tiene que ser realizado por el aprendiz en la tradición y protocolo exacto del maestro. Cada tribu puede tener su método particular de hacer la Ceremonia de la Pipa. La forma de la cual se cuida de la pipa también se aplica a la nueva Ceremonia de la Pipa contextual.

Toda tradición sagrada indígena se ha desarrollado y cambiado a través de los siglos. La cultura no es estática—es dinámica y ha cambiado a lo largo de la historia. O sea, en algún punto dentro de una cultura había una tradición *establecida* y después en otro punto una *nueva* tradición fue introducida. Según nuestras historias orales, había un tiempo específico cuando las Ceremonias de la Pipa y de la Casa de Sudor fueron dadas o enseñadas al pueblo—lo cual demuestra que no existían antes que eso—eran tradiciones nuevas. Entonces, no nos debería sorprender que unas 'nuevas' tradiciones contextuales han entrado en uso ahora.

He desarrollado una Ceremonia de Pipa contextual que refleja mi herencia nativoamericana y mi fe cristiana. Entré en este camino al buscar la guía del Señor y de tres ancianos anishinaabes en su uso tradicional de la pipa. ('anishinaabe' es la palabra para el pueblo de las tres tribus de la región de los Grandes Lagos conocidos como los ottawa, potawatomi, y ojibway). Después de compartir mi llamado y deseo de aprender el uso de la pipa, cada anciano me dio su permiso *personal*—no el permiso de la tribu—para usar la pipa como un seguidor del camino de Jesús. La descripción del uso de la pipa en una forma contextual no sigue ningún protocolo estricto de las tribus anishinaabe, sino *incorpora* el uso tradicional, lo cual guarda intacto el protocolo de la ceremonia mientras se crea nuevos significados para estas funciones. Ya establecido este fundamento, empecé a usar la Ceremonia de la Pipa como parte de mi camino sagrado mientras ando juntando mi camino nativo tradicional y mi camino cristiano.

Cuando entendí que yo podía personalmente usar la Ceremonia de la Pipa de una forma que honra a Cristo, también me di cuenta que podría usarla en el programa de BICO y en el Campamento Familiar. Con el programa de Vencedores incorporo la Ceremonia de la Pipa con varios aspectos de la Ceremonia de la Casa de Sudor del programa de recuperación. A veces cuando me invitan a hablar en el culto dominical del Domingo de Misiones, hago la ceremonia y enseño el uso de la Pipa de una forma contextual. Cada mes me invitan a dirigir la Ceremonia de la Casa de Sudor para los clientes como parte de su programa de tratamiento y también unirme con ellos mientras se reúnen alrededor del tambor posicionado al lado de la casa de sudor. Durante este tiempo cantamos varias canciones contextuales. Mientras cantamos la última canción—la cual es una canción especial en el ambiente nativo tradicional llamado la canción de 'llenar la pipa'—yo preparo la pipa para la ceremonia. Al inicio de la canción abro mi caja de cedro lo cual contiene una concha de oreja de mar en la cual se quema la salvia usada para bendecir la pipa, el tabaco, y todas las otras cosas para la ceremonia. Empiezo ofreciéndoles el tabaco que voy a usar a los hombres. Los hombres toman un poco del tabaco y después lo devuelven a otro plato del cual voy a llenar la pipa. Esta es una manera simbólica para que ellos pongan sus oraciones *en* el tabaco que usaré para la ceremonia. Uso el mismo ritual para los participantes del Campamento Familiar de Wiconi.

En el programa Vencedores la mayoría de los hombres no tiene una relación salvífica con Jesús. Tal vez algunos fueron criados con algo de un entendimiento cristiano, pero en su mayoría esto hombres necesitan a Jesús en sus vidas. Por otro lado, con el Campamento Familiar muchos, pero no todos, que asisten profesan ser creyentes en Jesús. En ambos ministerios dirijo la ceremonia de la misma manera, siempre expresando la necesidad de todos a mirar hacia Jesús para recibirlo como su Salvador.

En el Campamento Familiar también hago el llamado 'Ceremonia del Alba', una Ceremonia de la Pipa al amanecer donde los campantes están invitados a asistir para empezar su día centrado en Cristo.

Para entender la Ceremonia de la Pipa en el ministerio contextual y su relación al desarrollo espiritual como un tiempo sagrado de liminalidad, primero necesitamos verla como un Rito de Paso. Durante el Rito de Paso, se crea un espacio sagrado con el inicio de la Ceremonia de la Pipa—esta es la Fase de Entrada. Comienza la Fase Liminal cuando obtienen nueva información y los participantes se abren al cambio y la transición en sus vidas. Doy una enseñanza bíblica, ofreciendo a los participantes la oportunidad de crecer en sus vidas espirituales. En muchos casos—tanto en Vencedores y el Campamento Familiar—empiezan a crecer en sus vidas una imagen positiva de sí mismo y una autoestima positiva. Al compartir la enseñanza bíblica, uso una combinación de mi fe cristiana y los rituales espirituales de mis creencias nativas. Por ejemplo, cuando hago la Ceremonia de la Pipa pongo el tabaco en el plato para quemarse y dejo subir el humo hacia el cielo. En tradiciones nativas cuando se toma un pizco y lo pone en el plato, es bendecido y apuntado hacia seis direcciones: este, sur, oeste, norte, al cielo, y a la tierra. En la manera tradicional, la dirección está relacionado con el padre cielo, o la madre tierra, o la montaña, o el trueno, o el sol, o hasta unos espíritus. En mi método contextual, apunto a cada una de estas direcciones, pero solo las relaciono con la omnipresencia de Dios en cada dirección.

En el Campamento Familiar ofrezco un tiempo especial de enseñanza sobre el uso contextual del incienso y la Ceremonia de la Pipa. En esta clase abro la Biblia y comparto mi camino hacia mi entendimiento del ministerio contextual. ¿Qué hace que mi clase y ministerio con Wiconi sean únicos? De lo que sepa yo, soy el único líder contextual que usa la Ceremonia de la Pipa abiertamente como un aspecto significativo del ministerio. Como una persona que usa la pipa, yo sé que no todos son considerados como 'Portadores de la Pipa'. Esta es una posición oficial dada a alguien considerado como una persona de respeto e integridad y busca seguir una vida piadosa. Los Portadores de la Pipa no se autodenominan así—son designados así por su comunidad.

En la Tabla 1, muestro cómo el uso de lo ritual afecta la vida de la persona. La Ceremonia de la Pipa es un ritual poderoso y sagrado. La mayoría de los hombres en Vencedores entienden la naturaleza sagrada de la ceremonia, y cuando lo hacemos muestran el debido respeto. En el Campamento Familiar la mayoría de los nuevos no entienden cuán sagrado es la pipa, y por eso ofrezco la clase. Después de once años de usar la pipa en el Campamento Familiar, he ganado respeto como alguien que la usa de una manera contextual, pero también como alguien que es creyente en Jesucristo. La innovación que toma lugar a través de este entendimiento es el conocimiento que la tradición y la ceremonia pueden ser tomadas desde el mundo tradicional nativo, redimidas en honor a nuestro Señor Jesucristo, y usadas en el ministerio cristiano en buena conciencia.

Danzas de *Powwow*

Este parte del ministerio contextual es emocionante en gran parte porque está lleno de destello y brillo juntos con estilo y espectáculo. Las danzas nativas antes eran mal vistas por muchas denominaciones cristianas. Yo nunca podía ver el problema con la danza porque la veo desde otra perspectiva cultural. La danza es una parte común de casi todas las culturas. Solo al buscar por Internet 'danzas en Europa' se muestra muchos estilos diferentes. No tener esta tradición en la iglesia está triste. Nosotros en el movimiento del ministerio contextual vemos los beneficios del uso del baile. Muchos de los estilos usados entre los pueblos indígenas cuentan sus historias. Personas micronesias del sur del Pacífico han asistido el Campamento Familiar por varios años, y hemos visto con nuestros ojos la belleza de sus danzas, bailadas por hombres y mujeres. Los estilos de danza en el mundo nativoamericano varían a lo largo del continente norteamericano. La danza es parte de nuestra vida familiar, y sería difícil imaginarnos no tenerlo como parte de nuestra vida cristiana.

La danza en el *powwow* es un estilo de baile nativoamericano que puede ser competitivo o social. Los trajes que los bailarines hacen y se visten se llaman *regalia* (vestimenta formal). Algunos que no conocen la danza del *powwow* suelen llamar a los trajes 'disfraces'. Se pone un disfraz para fingir ser algo diferente, como en Halloween cuando los niños se visten como fantasmas o superhéroes. En el mundo nativoamericano, la vestimenta formal representa el pueblo y su forma de vida. No se llaman disfraces porque representan *quién es* el bailarín. No estamos fingiendo ser algo diferente—somos ni más ni menos de lo que somos. Para nosotros, danzar no es diferente ni fuera de lo normal—es un estilo de vida.

En cuanto a ver la danza como algo bíblico digo, '¿Cuál es el problema?' Claro, hay danzas asociadas con celebraciones borrachas o con 'el lado oscuro', independiente de la cultura de donde vienen. No estoy considerando esos tipos de danzas. Las que estoy tratando son las que se mencionan en muchas partes de las escrituras que son para el regocijo y la alabanza. Hasta hoy el pueblo hebreo tiene danzas tradicionales que practica cuando celebra varios Ritos de Paso. El pueblo hebreo de la Biblia menciona la danza en varios partes de las escrituras—lo más notable siendo Miriam después de cruzar el Mar Rojo sobre tierra seca cuando los hebreos se escaparon de Egipto

(Ex. 15.20-21). Los pueblos nativoamericanos también han bailado a lo largo de su historia. Cada cultura tiene algún estilo de danza—algunas para la celebración y otras para el mal. Dentro del mundo nativoamericano, la mayoría de las danzas son para el bien, pero admito que existen algunos que son usados para el mal también.

Aunque no es parte del programa formal, en Vencedores sí enseño sobre danzar en el *powwow* y presento mi forma del estilo de danza Tradicional de Hombres Norteños como es apropiado para un hombre de honra y respeto. Porque mi estilo es una danza de guerrero, comparto con los clientes que como hombres tienen que comportarse como guerreros. Un guerrero se para y protege su familia y comunidad. Los clientes no están permitidos danzar en los *powwow* porque cuando están involucrados en drogas y alcohol no son ejemplos de guerreros y se han convertido en una desgracia para su pueblo. Les enseñamos que un guerrero es una persona de honor y respeto y es un símbolo de la fuerza de su familia y tribu.

Existe una excepción cuando los clientes sí están permitidos bailar en un *powwow* durante su recuperación. En enero, el ministerio de BICO realiza un *powwow* tradicional para la comunidad. Se llama el *Powwow* de Sobriedad Vencedores y se lleva a cabo para celebrar un estilo de vida libre de drogas y alcohol. En este evento los clientes pueden participar cantando con el tambor y les permite bailar cuando el Maestro de Ceremonias invoca una danza 'intertribal'. Durante una danza intertribal todos pueden bailar y no se requiere el traje de danza formal, así que los clientes pueden bailar hasta en sus jeans. Así les da la oportunidad de ver el orgullo y el respeto dado a los bailarines mientras participan en el evento. Es nuestra esperanza en Vencedores que los clientes ganen un nuevo sentido de orgullo, un auto imagen positiva, y autoestima.

En el Campamento Familiar Wiconi en Turner, Oregon, llevamos a cabo un *powwow* el día sábado del encuentro anual empezando al mediodía y continuando hasta las 10:00 de la noche. Nuestros bailarines de *powwow* son mayormente participantes del campamento, la mayoría de los cuales son cristianos. Nuestro evento atrae más de seiscientas personas, y se ha vuelto muy popular con la comunidad local. Los bailarines que participan en el *powwow* vienen de varias tribus distintas. Algunos bailan en el estilo particular de su tribu del noroeste, pero en el mundo del *powwow* existen varios estilos de danza que han adquirido un atractivo pan-tribal y otros bailan esos estilos también. Estas danzas pan-tribales son mayormente representativas de las tribus de los llanos del norte y de las tribus de los bosques, y es aceptable que otras personas bailan estos estilos fuera de los miembros de esas tribus. Los campantes de Wiconi vienen de varias denominaciones cristianas, y obviamente ellos deciden asistir. En el programa de Vencedores algunos hombres asisten voluntariamente, otros van por orden de la corte, y a otros sus familias o su supervisor de libertad condicional les animan a que se vayan.

Convertirse en un bailarín o bailarina en el mundo del *powwow* tiene su propio Rito de Paso. Cuando mi familia y yo empezamos a considerar danzar en el *powwow*, sabíamos (y también aprendimos más) de los muchos detalles y protocolos que existen para convertirse en bailarín. En el mundo nativo no existe ninguna división entre el mundo secular y el mundo sagrado—o entre la religión y el mundo espiritual nativo. Convertirse en un bailarín significa comenzar un viaje por un camino sagrado. En el mundo contextual, el camino de la bailarina se vuelve en una mezcla constante del mundo cristiano y el mundo tradicional nativo.

Nosotros empezamos con el deseo de danzar, y después siguió un tiempo de oración, no a algún dios por ahí sino a Jesucristo. Se volvió en un tema de la familia, lo cual nos llevó a todos de la familia a un deseo de empezar el camino hacia hacernos bailarines. Teníamos que escoger un estilo de danza para cada persona, y esa selección incluyó el protocolo de buscar a un mentor que podía ser el maestro y guía en este camino. Hay cuatro estilos principales de los cuales los hombres pueden escoger: Tradicional Masculino, Bailarín de Hierba, Pollo, y Elegante. Las mujeres pueden escoger de: Tradicional Femenina, Vestido de Tintineo, y Mantón Elegante. Después se viene la selección de diseños y colores de la vestimenta formal que acompañan su estilo de danza. Si quieres usar plumas de águila, tienes que hacer el trámite de pedir un águila del Departamento de Pesca y Vida Silvestre del gobierno. Porque mi estilo requiere un águila para partes de mi vestimenta, tuve que esperar hasta obtener todas las plumas necesarias para mi estilo de danza. Puede demorar hasta cuatro años para recibir las plumas más el permiso requerido para llevarlas. Una vez completa la preparación, la ceremonia misma—un Rito de Paso—toma lugar en un círculo de *powwow*. La Fase de Entrada y la Liminal de un Rito de Paso consisten en todas las preparaciones mencionadas arriba.

Yo sé que no he mencionado ni descrito completamente todos los estilos de danza del *powwow* y lo que se involucra; los menciono solo para demostrar cuánta preparación se requiere y para que entienda un aspecto de mi cultura nativa y la cantidad de contextualización crítica que tenemos que hacer. Es mejor hacerlo desde la perspectiva de alguien de adentro en vez de la perspectiva de algún erudito de otra cultura. La comparación entre el programa de Vencedores y el Campamento Familiar Wiconi muestra que cuando permitimos que estas áreas de nuestro mundo cultural se hagan parte de nuestro mundo cristiano, ocurren el cambio y la transición y la ceremonia durante la Fase Liminal. Las vidas de los participantes son cambiadas, resultando en una vista más positiva de su identidad como personas nativas. Los trabajadores de los dos programas ven los beneficios de incorporar la danza en las vidas de los nativos cristianos.

Cantando con el tambor

Desde el principio de los tiempos, cantar con el tambor ha sido una parte natural del mundo nativoamericano. Hoy hay una abundancia de grupos alrededor de los Estados Unidos cantando canciones nuevas y antiguas. Algunas de las canciones nuevas han surgido como resultado del movimiento de ministerios contextuales nativoamericanos. Este movimiento ha inspirado a varios grupos musicales a crear canciones específicamente para su uso junto con el tambor nativo en alabanza cristiana. Músicos nativos como Robert Soto de Texas y Jonathan Maracle de Canadá han compuesto muchas de las canciones de tambor que ahora son los estándares que usamos hoy. Estos cantantes han inspirado a muchos otros grupos más nuevos que ahora están creando aún más canciones de tambor nuevas. Estas canciones son únicas porque usan el ritmo conocido de canciones de tambor tradicionales combinado con letras cristianas. Estas canciones pueden tomar la forma de lo que se llaman canciones 'rectas' o canciones 'de palabras'. Canciones rectas usan solo vocablos[3] y canto con ritmos nativos tradicionales. Se cantan canciones de palabras con letras o en inglés o en una lengua nativa. Canciones de palabras contextuales tienen el mismo ritmo

---

[3] Sílabos sin un significado específico.

tradicional, pero las canciones incorporan letras cristianas con música tradicional o contemporánea.

El personal de Vencedores ahora se siente muy cómodo con usar estos tipos de canciones de tambor, y las ve como una parte importante de la estrategia de recuperación del programa. Durante el proceso de entrevista para entrar el programa de Vencedores, les informan a los potenciales clientes de los requisitos del programa y del estilo del ministerio. La incorporación del tambor con programas de recuperación no es nuevo, pero las canciones de tambor utilizadas durante el programa de Vencedores son únicas porque usan canciones contextuales con letras cristianas. Usan tanto canciones de palabra como canciones rectas. Una de las canciones favoritas que les gusta cantar se llama 'Jesús es el Señor'.[4] Cada cantante tiene la oportunidad de decir las palabras 'Jesús es el Señor' como el verso principal de la canción. Otra de las canciones favoritas de los clientes viene de Apocalipsis 22:1, donde Juan comparte su visión de un río que fluye del trono de Dios. Apropiadamente, la canción se llama 'El Río de Vida'. La música puede ser un medio poderoso para expresar verdades bíblicas y teología cristiana, y las canciones usadas por Vencedores no son una excepción. La diferencia principal del Campamento Familiar es que los clientes de Vencedores nunca han escuchado estas canciones antes. En el Campamento Familiar, muchos ya conocen las canciones contextuales y cantan como parte del llamado al culto de alabanza y también en el *powwow* del sábado. En los dos casos los cantantes y los que escuchan son edificados y Dios es glorificado.

Porque las canciones son nuevas para los clientes de Vencedores, van aprendiendo cada palabra y su significado mientras cantan las canciones al ritmo del tambor. No todas las personas tienen el don del ritmo. Algunos de los hombres agarran el ritmo inmediatamente y otros nunca lo logran, pero todos participan en el tiempo de aprendizaje. El tiempo que los clientes pasan alrededor del tambor crea relaciones cercanas con el personal y entre ellos mismos. El canto con el tambor ha sido usado por Dios de maneras especiales para ayudar a estos clientes nativos a liberarse del agarro destructor del alcohol sobre ellos. El programa de los Vencedores ve a más de

---

[4] Las canciones mencionadas es esta sección son escritas y producidas por Jonathan Maracle de Broken Walls (Paredes Rotas), www.brokenwalls.com.

70% de sus clientes empezar una nueva vida libre de alcohol—una tasa de éxito impresionantemente alta.

La sanación y el sentido de asombro que las canciones de tambor inculcan en el personal de Vencedores y del Campamento Familiar les muestran la contribución total del tambor al cambio y la transición. También ocurre en los clientes como sus vidas son cambiadas para siempre. Las personas que asisten al Campamento Familiar aprenden que el tambor puede ser utilizado como un instrumento para la gloria de Dios. Con esta perspectiva nueva, las canciones pueden guiar a las personas a una experiencia de alabanza diferente a cualquier otra que hayan visto o tenido la oportunidad para experimentar. En cualquier caso, el tiempo sagrado creado por el uso del tambor y las canciones cantadas es solo un factor más que contribuye al tema del Rito de Paso presente en el programa de los Hermanos en Cristo y en el Campamento Familiar Wiconi. El personal de los dos eventos ve que la alabanza con el uso del tambor es una innovación si las personas nunca han alabado así antes.

El Ritual de *Smudging*

Empecé mi camino contextual con el Ritual de *Smudging* hace más de veinticinco años. Yo había vivido en dos mundos por la mayoría de mi vida—una mitad en el mundo de la iglesia cristiana y una mitad en mi mundo nativo tradicional. Cuando era joven, no me permitían ser nativo en la iglesia, y como cristiano no estaba completamente aceptado en mi mundo nativo. Era durante esos años que empecé a preguntarme por qué tenía que haber una brecha tan grande entre los dos mundos. Yo empecé a estudiar las escrituras desde el punto de vista de mi cosmovisión nativoamericana. Sin leerlas así, solo podía ver el hebreo bíblico a través de los ojos occidentales y predominantemente blancos que me fueron dados para leer las escrituras.

Entré en un nuevo mundo contextual que no era popular en esa época. Era como alejarme de la Versión Reina-Valera de la Biblia y atreverme a leer otras versiones. Lo que descubrí era que el pueblo hebreo de la Biblia era muy parecido a nuestros pueblos nativoamericanos. Yo podía relacionarme a su manera natural y sencilla de acercarse a Dios. Su mundo era la raíz de nuestra herencia cristiana, y ellos establecieron muchas de las formas que ahora usamos para relacionarnos con Dios. Muchas de las formas que ellos usaban para alabanza no son utilizadas en la iglesia de hoy, pero algunas sí. Progresaron desde las tradiciones sacerdotales y alabar a Dios en el tabernáculo en el desierto a alabar en el gran templo de piedra y metales preciosos. Hay otras formas de rendir culto que ya no son usadas, como sacrificar los animales derramando su sangre y quemándolos en el altar. El ritual de mandar humo arriba hacia el cielo como aroma agradable a la nariz de Dios es ampliamente destacado en las escrituras, igual como la quema de incienso. El incienso quemado para el Dios Altísimo era honrado por Dios y el quemar incienso a otros dioses le era desagradable.

El *Smudging* (la quema de incienso) es un ritual nativo usado para bendiciones, purificación, y oraciones para bendecir a una persona u objeto. Se usa el ritual tanto en Vencedores como en el Campamento Familiar Wiconi. En cada programa, cuando se construyen las casas de sudor, se bendice el suelo y la estructura con el acto de *smudging*. Se hace el *smudging* al abanicar el humo de varias hierbas que arden en una concha de oreja de mar. A veces se usa otros contenedores, o se queman las hierbas en un manojo o trenzadas sin el contenedor. Las hierbas más comúnmente utilizadas son salvia, hierba dulce, cedro, y tabaco. Hay otras hierbas pero estas son las más ampliamente usadas entre las tribus nativoamericanas de Norteamérica.

En los días de la Biblia, el pueblo hebreo usaba inciensos como incienso de la planta boswellia y mirra y mezclas hechas específicamente para quemar. Había un incienso especial usado en el Lugar Santísimo para hacer 'smudge' al Arca del Pacto y el Propiciatorio. El incienso venía del Altar de Incienso que estaba ubicada fuera del velo que separaba de Lugar Santo del Lugar Santísimo. En Lucas 1:8-10 Zacarías, el padre de Juan el Bautista, fue escogido por su división de sacerdotes para entrar el templo del Señor y quemar incienso en el Lugar Santísimo. De manera similar en el mundo nativo, ser seleccionado para quemar incienso (*smudging*) en una ceremonia es un privilegio especial. En Éxodo 30:34-36 Dios da una receta para el incienso, 'El Señor le dijo a Moisés: «Toma una misma cantidad de resina, ámbar, gálbano e incienso puro, y mezcla todo esto para hacer un incienso aromático, como lo hacen los fabricantes de perfumes. »' Los nativos americanos usamos el incienso igual como lo usaban los hebreos.

Análisis y comparación de los ministerios BICO y Wiconi   97

Se ofrece el Ritual de *Smudging* a los clientes de Vencedores y los asistentes del Campamento Familiar. Se puede hacer un *smudging* para un grupo o para un individuo. Cuando se hace en un grupo, la persona que hace el ritual puede pararse frente el grupo, o en el medio de ellos. Abanica a cada persona individualmente con el humo de la cabeza a los pies y el líder puede también pedir que la persona dé una vuelta. Como cristiano y practicante de rituales nativoamericanos, puedo ver que los Rituales de *Smudging* reflejan un tema de Rito de Paso. Como ritual sagrado, se lleva a cabo el *smudging* para empezar y terminar muchas ceremonias. Se puede considerar que el tiempo entre los *smudging* es como una Fase Liminal. La ceremonia toma lugar durante la Fase Liminal y es el espacio donde se puede ocurrir el cambio y la transición. Se puede aprender mucho durante la Fase Liminal. Para los clientes de Vencedores se considera que este ritual es un tiempo sagrado y promueve la sanación.

Tabla 1

La influencia de lo ritual para participantes en el programa BICO y el Campamento Familiar Wiconi (CFW)

Rituales	Experiencia Liminal	Aprendizaje	Innovación
Casa de Sudor	BICO- Entrando, oración y purificación CFW- Participación en un ritual de oración	BICO- La presencia de Dios que se siente en la carpa. CFW - No da tanto miedo como se pensaba	Se puede realizar este ritual contextualmente como un nuevo ritual que puedo usar en mi camino cristiano
Ritual de la Pipa y manojo	BICO- La Ceremonia de la Pipa es muy sagrada para los clientes CFW - Sagrada por su uso histórico	BICO- Uso contextual de rituales CFW - Entender el uso de rituales	Ahora se otorga significados que honran a Cristo a rituales antes vistos como demasiados tradicionales.
Danza en *Powwow*	CFW- Mover de la estructura a la libertad de	CFW- Los estilos de danza y sus significados son	Los cristianos pueden bailar en el *powwow*, abriendo

	expresión entre los bailarines	aprendidos y adaptados de una manera contextual	una nueva dimensión de libertad y obediencia a Cristo.
Cantar con el tambor	BICO- Participación y comunidad al cantar CFW- Llamado a alabar, sentido de entrar un espacio sagrado	BICO- Aprender y cantar canciones de tambor CFW- Un sentimiento de asombro y respeto para la ceremonia	Se puede usar los tambores y son vistos como buenos y sanadores—no malos como les fue enseñado.
Ritual de *Smudging*	BICO- Usado para entrar un tiempo y espacio sagrado CFW- Experimentar un sentido de reverencia	BICO- Lo ritual es parte de la recuperación de los clientes CFW- Sacar los pensamientos negativos	Ahora se puede entender a un ritual tradicional como sagrado y parte del proceso de sanación.

Experimentar estos rituales fomenta la innovación y más exploración de la contextualización. Muchas de las personas en Vencedores y el Campamento Familiar han escuchado del Ritual de *Smudging* y hasta lo han visto, pero es el uso del ritual como una expresión contextual de la fe cristiana que lo hace intensamente significativo. Existen semejanzas entre el uso del Ritual de *Smudging* en los dos programas. Los clientes de Vencedores sienten los aspectos sagrados del ritual. Han experimentado el *smudging* en la vida nativa tradicional, y ahora experimentan este ritual sagrado de *smudging* en el contexto de un programa cristiano de tratamiento. Son liberados para experimentar una nueva forma de expresar su fe cristiana—una que les era negado antes por el temor de que usar un ritual pagano podría deshonrar a Dios. Mientras los asistentes del Campamento Familiar toman parte en el ritual por la primera vez, experimentan un sentimiento de asombro. Se desaparecen los pensamientos negativos acerca del ritual, y se dan cuenta que pueden participar en el ritual en sus vidas personales también. En el mundo nativoamericano, el conocimiento obtenido en la Fase Liminal es tiempo sagrado y considerado parte de la ceremonia.

Conclusión

El tema de Ritos de Paso ha emergido como un tema central para mi entendimiento del éxito del programa de Vencedores y el Campamento Familiar. En ambos programas la Ceremonia de la Casa de Sudor puede llevar al cambio y la transición en la vida de una persona y puede ser un punto de inflexión profunda en su crecimiento espiritual como discípulo de Cristo.

Como una experiencia liminal, la Ceremonia de la Casa de Sudor incluye el acto de purificación por el *smudging* antes de entrar y con el vapor cuando están adentro. Ocurre la purificación tanta física como espiritual. Los participantes se preparan para el evento con una charla educacional antes de entrar y otra vez cuando están dentro de la carpa. Aprender información nueva mientras están en la Fase Liminal es uno de los aspectos de una ceremonia de Rito de Paso.

Para los nativos americanos de hoy, los intentos en el pasado de borrar su cultura causaban muchos problemas. El paradigma ministerial diseñado para cambiar su forma de vida tenía muchos defectos. Les habían sido enseñados por líderes nativos y no nativos igual que sus expresiones culturales eran malas y demoniacas y tenían que rechazarlas. Ahora tenemos la contextualización—no una teoría, ni un sueño, sino un enfoque real para el ministerio nativo que abre puertas hacia la valentía y libertad para ser completamente nativo y completamente cristiano. El ministerio contextual no apareció así nomás—tenía que empezar en algún momento con una visión para ver un cambio. Estos conceptos pasaron muchos años en la liminalidad y salieron para reintegrar el potencial no aprovechado y las oportunidades de líderes y seguidores.

Contextualizarnos muchas veces nos ha obligado a cuestionar partes de nuestra enseñanza cristiana anterior. Decirle a alguien que debe alejarse de la iglesia no-contextual, que algunas de las formas de la iglesia occidental son equivocadas, y decir a los misioneros en el nombre del amor que pueden haber estado haciendo daño a nuestras comunidades nativas—cerró muchas puertas relacionales.[5] El pasar de no-contextual a contextual fue un proceso desafiante y fue un Rito de Paso que el personal de BICO y participantes han tenido que entrar, aprender, e implementar para que funcionaran exitosamente

---

[5] Ronald A. Heifetz and Marty Linsky *Leadership on the Line: Staying Alive Through the Dangers of Leading* (Boston, MA: Harvard Business Review Press, 2013), p. 93.

estos programas. El programa de BICO y el Campamento Familiar Wiconi han aceptado el desafío a crear expresiones contextuales de la fe que mezclan el mundo nativo tradicional con el mundo cristiano de maneras apropiadas. Estos dos ministerios están marcando el camino para otros. Ahora que hemos sacado muchas de las barreras, el cambio es una puerta abierta para aún más innovación. Programas como estos son precursores de muchos ministerios más que construirán sobre lo que hemos empezado y llevarán el ministerio contextual hacia el futuro. Esto ha sido mi esperanza y mi llamado desde el principio.

7

La Fase Liminal de la Transición en los Ritos de Paso: El Programa de Tratamiento del Alcohol BICO

Tener la valentía de entrar en un proceso de cambio es creer que vas a salir al otro lado como una persona diferente. Todos queremos creer que habrá cambios que afectarán no solamente nuestra propia vida sino también las vidas de muchas otras personas.

Algunos ejemplos comunes de cambios significativos que experimentan las personas son: el nacimiento, volverse adolescente, conseguir su licencia de conducir, graduarse del colegio, conseguir el primer trabajo estable, entrar a la universidad y graduarse, entrar al ejército, casarse, y tener hijos. Muchos nativos americanos navegan por los cambios usando sus rituales y ceremonias tribales. Algunos de estos son: rituales de pubertad, ceremonias de dar nombres, recibir una pluma de águila, convertirse en bailarín de *powwow*, y salir en búsqueda de una visión.

La Fase Liminal

Algunos de los primeros cambios o capítulos en mi vida fueron fáciles, pero otros costaron un esfuerzo *enorme*. Uno de los tiempos de cambio y transición más difícil para mí tomó lugar en el entrenamiento de reclutas del Cuerpo de Marines de los Estados Unidos. Antes de entrar el Cuerpo de Marines, yo había llegado a un punto en mi vida donde estaba listo para ver un cambio significativo. Estaba trabajando como un mecánico de mantenimiento en una compañía de relojes en Michigan, y sabía que no era el futuro que yo buscaba. Tenía ambiciones, quería más para mi vida, y decidí hacerme uno de 'Los Pocos, los Orgullosos, los Marines'. Históricamente, en mi mundo nativo convertirse en un guerrero era una etapa de la vida en el proceso de hacerse hombre. Aunque esta tradición antes era muy significativo en mi cultura, ha perdido el nivel de importancia que tenía. Pero todavía dentro de mí había el deseo de aceptar el desafío y hacerme un guerrero—y el campamento de entrenamiento fue mi ritual/ceremonia hacia hacerme hombre. El campamento de entrenamiento del Cuerpo de Marines es un ejemplo excelente de la Fase Liminal. En este tiempo de transición decides entrar (Fase de Entrada), pasas doce semanas entrenando (Fase Liminal), y después sales con una ceremonia de graduación (Fase de Reintegración). Entras como un niño y sales un guerrero. Todas las características del Rito de Paso están presentes en la experiencia del campamento de entrenamiento.

He experimentado muchos cambios en mi vida, como todo el mundo. El capítulo actual de mi vida—un tiempo de cambio y transición seria—es el resultado de dejar mi empleo como carpintero y unirme al personal de Wiconi International como Director.

Las organizaciones pasan por cambios (capítulos) también. La Misión de los Hermanos en Cristo tuvo que hacer unos cambios críticos para poder llegar a donde están hoy día. Algunos fueron muy desafiantes y otros fáciles. Un gran camino de Rito de Paso que el programa de Vencedores tuvo que pasar para poder lograr una tasa elevada de éxito fue abrazar la transición con audacia y mantener una actitud de humildad.

Algunos ministerios, iglesias y programas seculares de tratamiento pueden tener una actitud casi arrogante de que sus métodos y estilos de liderazgo son *lo correcto*. Todos hemos visto ejemplos de este tipo de comportamiento. 'La ilusión que seduce a todo líder y seguidor es que nosotros tenemos 'la forma correcta' para la obra de Dios, y confiamos en la forma y sistema más que en Dios'.[1]

En el mundo ministerial que navegaba Richard Twiss por muchos años, había desafíos difíciles de superar. Había unos cuantos individuos que se oponían al ministerio contextual porque sus perspectivas estaban en conflicto con las de Richard. Estrechamente

---

[1] Lingenfelter, *Leading Cross-Culturally*, p. 101.

relacionado era la creencia que sus métodos actuales eran 'la manera correcta y única para llevar a cabo el ministerio'. Es parecido a la actitud que vemos en algunas personas que creen fuertemente que solamente una versión de la Biblia es la correcta para el uso en la iglesia.

'Aferrarse a tradiciones religiosas y ministeriales obsoletas por los significados que antes proveían puede ser una práctica morbosa'.[2] El pueblo hebreo tuvo que dejar las influencias de Egipto antes de que pudieran cruzar a la Tierra Prometida. El personal y el liderazgo de la Misión Navajo de los Hermanos en Cristo tuvieron que dejar la influencia fuerte de su antigua liturgia denominacional y métodos de ministerio. Estaban buscando formas que podrían ayudar a mejor alcanzar a los nativos americanos para que aceptaran el evangelio y para sacar a los hombres del alcoholismo. Se dieron cuenta que los métodos antiguos todavía no producían resultados adecuados.

La liminalidad y la contextualización

Todos estos casos y situaciones que menciono arriba requerían el paso por un proceso de una Fase de Entrada, una Fase Liminal, y después seguidas por una Fase de Reintegración al mundo de nuevo. Para convertirse en una iglesia o programa que hace ministerio contextual se requiere el desarrollo de un entendimiento de varios métodos. Darrell Whiteman dice, 'La contextualización significa desarrollar una expresión del evangelio única y culturalmente informada. El resultado será que se entenderá al evangelio mismo de maneras que la iglesia universal nunca antes lo ha entendido ni experimentado. Así se expande el entendimiento de la iglesia general sobre el reino y el Creador'.[3] Cuando se aprueban estos tipos de expresiones para su experimentación y luego su implementación, se requiere tiempo para procesar los cambios hasta que estén considerados como métodos 'normales'. Pero no solo se trata de las acciones que tomamos, sino también de lo que podemos hacer para afectar el desarrollo espiritual de las personas. Ministro nativo Craig Smith (de la Iglesia Alianza Cristiana y Misionera) en su libro, *Whiteman's Gospel* (El Evangelio del Hombre Blanco), dice, 'Yo creo

---

[2] Nelson and Appel, *How to Change Your Church*, p. 65.
[3] Darrell L. Whiteman, *Anthropology and Mission: The Incarnational Connection* (Chicago, IL: CCGM Publishing, 2003), pp. 2-4.

que la mejor persona para decidir cómo una persona tradicional conformará su vida a los principios bíblicos es el tradicionalista mismo bajo la guía del Espíritu Santo'.[4]

Contrario a la perspectiva de Smith, yo creo que es el innovador indígena cristiano y no la persona tradicional que mejor puede tomar las decisiones de usar enfoques contextuales. El tradicionalista generalmente no conoce la Biblia, mientras el innovador indígena cristiano sí conoce y puede hacer las mejores adaptaciones. De muchas formas hacer el cambio en esta Fase Liminal depende de su compromiso con la causa. En el tiempo liminal de un camino por un Rito de Paso, se abre la puerta a la experimentación. Era mi experiencia en esta fase que sentía un deseo profundo de ser creativo y experimentar con muchas formas posibles de contextualizar. A veces significaba hablar directamente del tema, no solamente a través de mi enfoque personal de ministerio sino también hablando con muchos que recién estaban dándose cuenta del uso legítimo de los métodos contextuales es sus propios ministerios.

Los nuevos pasan por un proceso de entender como 'hacer' la contextualización crítica. Yo exploraba muchas posibilidades y normalmente estaba haciendo más que una cosa a la vez para poder encontrar las que servían mejor. Cuando experimentaba con un ritual o ceremonia potawatomi, estaba pensando también en cómo esta forma podría funcionar en el contexto de otra tribu nativa. Se requiere de un tipo especial de persona para trabajar por el proceso de un Rito de Paso. Se necesita a alguien que tenga la visión bien incorporada en su ser interior y que necesita ver el desarrollo de procesos que pueden llevar al cambio. George Barna comenta en *Evangelism Outside the Box* (Evangelismo Fuera de la Caja), 'Ciertamente existe la necesidad para profetas que nos llaman a regresar a los caminos antiguos. Pero también hay una necesidad grande de evangelistas que convertirán valores esenciales en nuevas prácticas que alcanzarán a y resonarán con la gente cristiana'.[5]

---

[4] Craig Stephen Smith and Bill McCartney, Whiteman's Gospel (Winnipeg, Manito-ba, Canada: Intertribal Christian Communications, 1998), p. 126.

[5] Richardson, *Evangelism Outside the Box*, p. 25.

No puedes cambiar

Nelson y Appel dan la siguiente definición del cambio en *How to Change Your Church Without Killing It* (Como cambiar tu iglesia sin matarla): 'La palabra cambio significa hacer girar o pasar de un estado a otro, variar en forma o esencia; alterar o hacer diferente'.[6] Nuestros ancestros nativos se dieron cuenta de esto y desarrollaron rituales para mostrar a la gente una manera de mover de un una etapa a otra. Entonces tanto si el cambio se trata de la edad de una persona, un rito de pubertad, un cambio de estatus social, o aun la transición al mundo de los muertos, había una manera de lidiar con el cambio a través de la ceremonia.

En Vencedores la meta es trabajar con hombres nativos que están atrapados en la adicción al alcohol y las drogas. Como una ceremonia de Rito de Paso, ellos tienen que empezar el programa entrando una etapa de re-aprendizaje en la Fase Liminal. Esta etapa les prepara para un final o Fase de Reintegración a la sociedad como individuos que han cumplido esta ceremonia de Rito de Paso y ahora pueden vivir a un *nuevo nivel* en la sociedad sin experimentar los problemas de adicción.

Estos individuos se han roto con la condición base que el alcohol y las drogas han producido a través de pasar por el camino del Rito de Paso del programa de Vencedores. A lo largo de los años de uso, se establece hábitos del día a día que requieren de un tiempo de desprogramación en el ministerio de los Hermanos en Cristo. 'Cambiar el comportamiento a este nivel de las condiciones estándares requiere nueva percepción y práctica, práctica, práctica continua'.[7] En Tabla 2 hago una lista de las partes claves en el programa de Vencedores, incluyendo las varias ceremonias.

Cambiar los hábitos o condiciones de base transforma la imagen de la realidad que se encuentra en la mente del individuo. Esta imagen actual de la realidad controla sus vidas. Lo que hacen en el programa navajo BICO es ayudar a los clientes a visualizar una vida *sin* drogas y alcohol a través de la influencia de nuevas ideas o 'innovaciones'. Estas nuevas formas tal vez han sido conocidas pero nunca

---

[6] Nelson and Appel, *How to Change Your Church*, p. xiv.
[7] Sharon D. Parks, *Leadership Can Be Taught: A Bold Approach for a Complex World* (Boston, MA: Harvard Business Review Press, 2013), p. 86.

desarrolladas, o eran perdidas de vista a causa de sus antiguos estilos de vida.

Tabla 2

Estructura del Rito de Paso en el Programa de tratamiento del alcohol BICO

FASE DE SEPARACIÓN/ENTRADA:
Se entrevista a los clientes para entrar al programa de los Hermanos en Cristo Vencedores.
Se lleva a cabo la entrada al programa en medio del desierto lejos de los amigos y la familia.
El programa tiene reglas: el uso de las drogas o el alcohol está prohibido.
FASE LIMINAL:
Empiezan con la comprensión que la vida como la conocían ahora ha cambiado.
Sus cuerpos empiezan a experimentar cambios, y empiezan a comer regularmente.
Empiezan las clases en estudio bíblico, computación, finanzas, y relaciones.
Se hacen innovaciones usando la nueva información.
Se ora de una manera contextual; se hace planes para la ceremonia de la Casa de Sudor.
Los clientes observan los estilos de vida cristianos del personal.
Los clientes asisten el culto de la Misión los domingos por la tarde.
Viajan a sitios culturales, y visitan iglesias locales.
FASE DE REINTEGRACIÓN
Una semana antes de graduarse, se hace una ceremonia más de la Casa de Sudor.
Se hace una Ceremonia de Pipa especial para bendecir a los clientes.
Familia y amigos asisten la graduación.
Los clientes se preparan para irse y volver a sus comunidades como nuevas creaciones.

La solución para el cambio radica en la gente

La imagen mental de esta realidad está en la gente, y el remedio es cambiar esa imagen y darles a los clientes una nueva. Parece que funciona el método usado por el programa de Vencedores, como ven a los clientes de la siguiente manera: 'Porque el problema radica en las personas, la solución también está en ellos. Entonces el trabajo de enfrentar un desafío adaptivo tiene que ser hecho por las personas conectadas al problema'.[8] Un curandero o chamán trata a las personas

---
[8] Heifetz, Linsky, and Grashow, *The Practice of Adaptive Leadership*, p. 74.

enfocándose en sus problemas, no solamente en sus síntomas. Mucha de la medicina moderna se concentra en los síntomas de un problema, pero es más eficaz trabajar con la persona en esta 'tierra de nadie' psicológica entre la realidad antigua y la nueva. Existe un espacio de limbo entre el viejo sentido de identidad y el nuevo. Es el tiempo cuando las antiguas maneras de vivir (o de hacer las cosas) ya no están pero todavía no se siente muy cómodo con las nuevas maneras. Es un tiempo cuando no está claro quién eres ni qué es real.

Entrar la puerta liminal

Dentro de la transición, el cambio, y el re-imaginar la vida está la cuestión del deseo del cliente para efectuar un cambio, aun con el anhelo de seguir tomando echando su sombra sobre él. En varios puntos del programa se accede al verdadero deseo de cambiar su imagen de la realidad y esta puede ser una motivación continua para redimir su vida. Cuando pasa esto, es un despertar y visualizar una puerta hacia descubrir una dirección en el camino de esta vida. Algunos nunca lo ven y nunca logran romperse con el alcohol. Los que entraron la transición sin querer o sin saber lo encuentran muy difícil admitir que puede estar por llegar un nuevo comienzo y una nueva fase de sus vidas, ni siquiera que sea posible.[9]

Es en este ambiente donde se reintroduce a los clientes un conocimiento que quizás estaba considerado como saludable y bueno, y hay un despertar en los que superan la adicción. De esto se trata la innovación. No es alguna idea grandiosa nunca antes conocida, como la invención de la rueda. Puede ser ideas básicas explicadas como innovación; esta nueva consciencia afecta a todo el grupo en el programa. Los clientes de BICO Navajo son ejemplos vivos de justo un sistema social como tal.

---

[9] Bridges, *Transitions: Making Sense of Life's Changes*, p. 9.

8

REALIDADES ACTUALES Y EL TRABAJO DE ADAPTACIÓN PARA EL FUTURO: EL MIEDO VERSUS LA FE PARA ENTRAR A LO DESCONOCIDO

Mi enfoque personal para crear el cambio en este paradigma de ministerio contextual ha sido salir con audacia y crear nuevos métodos y estilos del ministerio. Yo no sabía si era la manera correcta para proceder o no, pero sabía que sí teníamos que hacer algo— y que todo lo que hiciéramos debería ser tratado como un experimento. Esta estrategia es un ejemplo de la teoría de 'Difusiones de Innovaciones' de Everett Rogers: 'La difusión tiene un carácter especial por la novedad de la idea en el contenido del mensaje. Así que algún grado de incertidumbre y riesgo percibido está involucrado en el proceso de la difusión'.[1]

El desarrollo de liderazgo no se realiza de un día al otro, aunque una posición de liderazgo podría aparecer así de rápido. Nosotros sí pasamos por un período de transición en el movimiento contextual nativoamericano. Empezamos sin guion, sin ejemplos, y sin líderes. Aquellos de nosotros que estábamos suficientemente determinados a romper con los antiguos modelos de prácticas ministeriales escogimos caminar un nuevo sendero que creíamos que era mejor. Yo luchaba por un tiempo con el temor de entrar al ministerio a tiempo completo antes de tomar la decisión de hacerlo. Pero con el

---

[1] Rogers, *Diffusion of Innovations*, p. 35.

apoyo de Lora, sí escogí hacer el cambio y ahora tengo la oportunidad de crear un 'nuevo' Wiconi.

Dios me ha llevado por el camino del ministerio contextual—abriendo puertas y creando oportunidades—a pesar de mis miedos. El temor alrededor de embarcarse en el ministerio contextual no solamente afecta a los que están involucrados, sino también los que están en las márgenes—ministros no-contextuales que están mirando y sopesando las ventajas y las desventajas antes de tomar una decisión de unirse. 'La cuestión de riesgo está en la raíz de nuestros miedos. El miedo siempre es un obstáculo significativo para una vida de peregrinaje cristiano. Una vez que identificamos nuestros miedos, entonces podemos enfrentarlos aplicando la verdad y una comprensión contextual de las escrituras'.[2]

Por años estuve en una fase transicional, siempre sintiéndome como si no estuviera ni una cosa ni otra. Entré al 'mundo' de la transición contextual como un líder, aunque no estaba consciente de que había otros a lo largo del país también haciendo este tipo de ministerio. En nuestra región (el suroeste), llevé un grupo de personas por un proceso de cambio, transición, y liminalidad hasta que creamos un ministerio nativoamericano contextual activo. En cuanto a este proceso, Bridges nota que, 'No era la imagen de la tierra de leche y miel que logró sacar a la gente de Egipto o pasar por el desierto a la Tierra Prometida—era la capacidad de Moisés como un líder de transición'.[3]

Nuestras habilidades para liderar a personas por la transición ocurrieron al nivel básico. Yo tenía que intentar explicar de qué se trata el ministerio contextual a varios grandes líderes de opinión en la comunidad. También quería cambiar cómo veían a nuestra planta de iglesia. Rogers define el liderazgo de opinión como: '. . . el grado en que un individuo es capaz de influir informalmente en los actitudes o comportamientos abiertos de otros de una manera deseada con frecuencia relativa. Un agente de cambio es un individuo que intenta influir las decisiones de innovación de los clientes en una dirección considerado deseable por una agencia de cambio'.[4]

---

[2] Lingenfelter, *Transforming Culture*, p. 61.
[3] Bridges, *Managing Transitions*, p. 65.
[4] Rogers, *Diffusion of Innovations*, p. 38.

La difusión de la innovación en ministerios nativos

Para influir en una cultura es necesario efectuar el cambio o positivamente o negativamente. En nuestro movimiento creemos que los enfoques contextuales que estamos usando influyen para cambio positivo. Para lograr este tipo de cambio—tanto en nuestra cultura nativoamericana como en cualquier otra—es absolutamente necesario contar con personas de la cultura. Es porque: '…sin esta persona no habrá contextualización genuina, sino solo adaptaciones en el superficie'.[5] Nosotros estamos trayendo la innovación—no la adaptación—al mundo del ministerio nativo. Rogers escribe, 'La difusión es una clase especial de comunicación que se trata de mensajes que están percibidos como ideas nuevas'.[6] Tomar un paso adelante para introducir una innovación en un contexto nuevo requiere una mente muy creativa. He podido aplicar la teoría de Rogers en cuanto a la Difusión de Innovaciones al movimiento nativoamericano de la contextualización y también a la estrategia para la recuperación en el Programa de tratamiento del alcohol BICO.

El programa de tratamiento les introduce nuevas ideas de vivir a los clientes para que puedan cambiar la imagen de una vida que pueden tener. Es posible que hayan sido conscientes de algunas de las nuevas ideas como innovaciones, pero les faltaba la capacitación para aplicarlas de manera *práctica* a sus vidas como ha hecho el modelo contextual. Las nuevas ideas (innovaciones) que los hombres en recuperación descubren y aplican para crear cambio durante el tiempo de transición son cosas como: una mejor ética del trabajo, construir relaciones positivas, administración del dinero, criar a los hijos, y un entendimiento bíblico cristiano. Estas nuevas formas de vivir son enseñadas a lo largo del programa de tres meses y parece que hacen una diferencia en su recuperación exitosa de las drogas y el alcohol. Rogers dice, 'Simplemente considerar la adopción de una innovación como racional (definida como el uso de los medios más eficaces para lograr un fin determinado) y etiquetar su rechazo como estúpido es no entender que la decisión individual de innovar es idiosincrática. Está basada en la percepción individual de la innovación. Ya sea que los expertos científicos que buscan evaluar una innovación objetivamente lo consideren correcto o incorrecto,

---

[5] Twiss, 'Rescuing Theology from the Cowboys', p. 113.
[6] Rogers, *Diffusion of Innovations,* p. 35.

su adopción o rechazo siempre es 'lo correcto' en los ojos del individuo que tomó la decisión de innovar (por lo menos en el momento que toma la decisión)'.[7]

El ministerio contextual normalmente no es considerado como una opción por los estudiantes de seminario entrenados en el estilo occidental. Sin embargo, parece que algunas personas entienden bien los conceptos—especialmente los que son personas de la cultura. La mayoría de los clientes en el programa de BICO son nativos, y como el programa está en Nuevo México, son mayormente navajo. Los métodos y estrategias del programa de tratamiento finalizan con dar la oportunidad a los clientes a tomar una decisión personal a seguirle a Cristo, así llevándolos a la recuperación. La estrategia de Vencedores está ajustada para esta región y clientela en particular. 'Como muy poco reflejamos sobre nuestros valores subyacentes, suponemos que todos piensan igual que nosotros, y nos imaginamos que cualquier persona que razona distinto es incompetente, mal educado o mal criado'.[8] El personal en Vencedores ha desarrollado un programa que considera las tradiciones culturales de los hombres como normales y naturales para ellos. Esto ha hecho toda la diferencia en su tratamiento.

El Movimiento Contextual Nativoamericano ha satisfecho la necesidad de crear modelos de ministerios *para* nativos americanos *por* nativos americanos. También existe la necesidad de desarrollar un liderazgo nativo contextual. Plueddemann lo reconoció y dijo, 'Sería absurdo esperar que un 'experto' extranjero pudiera enseñar un curso sobre liderazgo en Nigeria [o en este caso a nativos americanos] sin un entendimiento de las suposiciones culturales tradicionales de cómo se desarrollan los líderes'.[9] Siempre llevo esto en mente mientras mis habilidades de liderazgo crecen trabajando con Wiconi. He crecido en conocimiento, entendimiento, y confianza de mi comunidad nativa. Los miembros de una comunidad nativa son los que otorgan el liderazgo a una persona, especialmente a uno de los suyos. Lingenfelter comparte una cita de Max DePree que dice exactamente lo que yo creo del liderazgo: '… es como uno vive dentro de una estructura, respetando a la gente, aceptando sus

---

[7] Rogers, *Diffusion of Innovations*, p. 116.
[8] Plueddemann, *Leading Across Cultures*, p. 64.
[9] Plueddemann, *Leading Across Cultures*, p. 204.

diferencias, e involucrándoles en maneras que inspiran confianza y transforman pero mantienen las relaciones y la estructura'.[10]

Agentes de innovación y cambio

Innovadores y agentes de cambio viven en la Fase Liminal la mayoría del tiempo. La mayoría de los ministerios no se dan cuenta que incluso existen otras formas de hacer el ministerio. La Fase Liminal hace su mejor obra en visualizar, soñar, tener la valentía para cambiar, y ser creativo. Ver un destello de un 'futuro preferido'—como diría Richard Twiss—es la clave para traer a nuestra gente nativoamericana más cerca a Jesucristo. La liminalidad y la creatividad van de la mano. Ocurren la transición y el cambio cuando los líderes contravienen el sistema y abren la puerta para que se arraigue y crezca la innovación. Pero hay muy pocos de estos líderes creativos—su tribu tiene que crecer. 'Significa pensar fuera de la caja y pintar fuera de las líneas. Significa atreverse a mirar alrededor y visualizar lo que nos espera. ¿Existe un nuevo método más eficaz?'[11]

Algo que dijo Richard Twiss explica mi propio camino: 'Cuando miro atrás a aquel tiempo, me doy cuenta que estaba empezando por el camino de un proceso interno y personal de descolonización y desconstrucción de mi introducción a la fe bíblica que era filosófica cristiana evangélica y conservadora'.[12] Yo también empezaba a desafiar mis ideales y valores aprendidos anteriormente en cuanto a estrategias típicas de 'hacer iglesia'. Yo había sido adoctrinado en un método de mantenimiento, cuando tanto quería cambiar la forma de la cual se hacía el ministerio. Yo quería que los nativos americanos no-creyentes tuvieran oportunidades culturalmente apropiadas para conocer a Cristo. Desde el principio, mi llamado ha sido hacer un acceso más fácil al evangelio para nativos americanos a través de crear un enfoque que se ve diferente del modelo occidental.

El ministerio exitoso a los pueblos nativos no significa crear más iglesias del estilo occidental. Sino como dice Pablo, 'Me hice todo para todos, a fin de salvar a algunos por todos los medios posibles' (I Corintios 9:22). Mi propósito mayor es 'Conocer a Cristo y darlo a

---

[10] Lingenfelter, *Leading Cross-Culturally*, p. 99.
[11] Samuel R. Chand and Cecil B. Murphey, *Futuring: Leading Your Church into Tomorrow* (Grand Rapids, MI: Baker Books, 2002), p. 123.
[12] Twiss, 'Rescuing Theology from the Cowboys', p. 60.

conocer'.¹³ Significa que en nuestro mundo nativoamericano tenemos que crear formas innovadoras de presentar a Jesús a los pueblos nativos—y al mismo tiempo quitar las barreras para esta tarea.

El proceso de cambio y transición que he tenido que pasar para llegar a donde estoy hoy ha sido un camino de paciencia: paciencia conmigo mismo, paciencia con los demás alrededor, y paciencia con los que se oponen a la dirección de mi ministerio. Finalmente el camino sí se alisó, progresando de un camino de tierra, a uno de grava, a uno de asfalto, y después a una carretera. Ha costado mucho tiempo. Hoy miro hacia atrás como, en el principio, mientras creábamos un ministerio contextual, había un sentimiento de ser normales, naturales, e indígenas. Se sentía como cuando uno está lejos por mucho tiempo y por fin llega a casa. Era un camino de auto-descubrimiento, intentando encontrar cómo mi cultura y tradición potawatomi podría encajarse dentro de mi fe en Jesús— una fe que estaba tan unida a la expresión cristiana occidental que no había espacio para moverse.

En tomar esta posición contextual, ¿había muchos obstáculos que impactaban e impedían el desarrollo de mi liderazgo? Sí había, como describen Heifetz et al.: 'Lealtades a personas que quizás no creen que estás haciendo lo correcto; temor de la incompetencia; incertidumbre de si va a tomar el camino correcto; miedo de la pérdida; [y] no tener el estómago para la parte difícil del camino'.¹⁴ Yo sentía que mi falla personal más grande era no confiar completamente en Dios.

Cuando primero entré al ministerio (medio tiempo), confiaba como confía un niño. Pasaba el tiempo, y las olas crecían y empezó a soplar el viento, las preocupaciones de la vida de la familia llenaban mi mente. Había cuentas que pagar: matricula de la escuela, el pago del carro, la comida, el seguro—todo esto me impedía entrar en el ministerio a tiempo completo. Me gusta la metáfora que usa Bridges para el manejo de la transición. Él dice que es como aprender a nadar—soltar la borde de la piscina y solo empezar a nadar. 'Tal vez escuchaste al entrenador de natación decirte en un momento así, 'No te dejaré hundirte'. Sin tener confianza en el entrenador, es menos probable que ocurra el paso hacia la independencia y el dominio de

---

¹³ C. Wayne Mayhall, 'Effective Evangelism: To Know Christ and to Make Him Known', *Christian Research Institute* 31.4 (2008): Title page.
¹⁴ Heifetz, Linsky, and Grashow, *The Practice of Adaptive Leadership*, p. 247.

una nueva habilidad. En ese momento cuando el temor está balanceándose contra la esperanza, es confianza que hace la diferencia'.[15] Tuve que confiar en el maestro—Jesucristo. Todo esto verdaderamente fue la historia de mi camino ministerial en el tiempo liminal—el camino de convertirme en un líder eficaz. Compartiendo honestamente, yo quiero que la gente sepa que solo soy un hombre común, mísero en todo sentido comparado con mi Creador. Y estar consciente de mis defectos y mis fallas me ayudará a convertirme en el siervo que Dios está haciendo. Salmo 139.23-24 lo dice mejor: 'Examíname, oh Dios, y sondea mi corazón; ponme a prueba y sondea mis pensamientos. Fíjate si voy por mal camino, y guíame por el camino eterno'.

---

[15] Bridges, *Managing Transitions: Making the Most of Change*, p. 108.

CONCLUSIÓN

WICONI EN TRANSICIÓN: EL PROCESO DE LA LIMINALIDAD

Estos ejemplos del cambio, la transición, y la liminalidad ofrecen una manera de entender mi camino personal hacia el liderazgo en el ministerio de Wiconi y también los cambios en la organización de Wiconi. La liminalidad describe acertadamente la posición actual de Wiconi y mi lugar dentro de ella. En muchos aspectos nos encontramos con rituales y ceremonias paralelas a mi vida personal y comunitaria como un nativo potawatomi. La liminalidad se caracteriza por una sensación de no encajarse totalmente en cualquier lugar. Tanto la pérdida de Richard Twiss como la transición y el cambio de la organización de Wiconi y dejar mi empleo secular juegan una parte en esta ceremonia. Hiebert y Shaw han descrito una situación como la mía interpretada en las vidas de personas en rituales nativos a través de todo el mundo. Dicen, 'Pierden su estatus en la sociedad normal, y entran un estado de transición—un tiempo cuando están en las grietas entre dos identidades: ni aquí ni allá, ya no lo antiguo pero todavía no lo nuevo'.[1] Sí, es justo donde estoy, pero lo reconfortante es esto—es una posición normal estar aquí. La Fase Liminal ocurre, pasa todos los días, y continuará pasando en las vidas de todo el mundo en todo lugar. Es como cambiar la marcha en un carro estándar. Ya tienes las llaves metafóricas para encender el 'vehículo' de una idea/método/enfoque para hacer algo. Metas la llave y empiezas el proceso. Vas en primera marcha por un tiempo hasta que llegues a un punto donde necesitas cambiar. Entonces

---

[1] Hiebert and Shaw, *Understanding Folk Religion*, p. 297.

agarras la palanca, presionas el embrague, y cambias de primero a neutral. Neutral es la posición entre cambios, y es necesario empezar ahí para poder mover a otra marcha. La mayoría de las culturas o idiomas no tienen un nombre para esto.

Manejar los cambios y las transiciones durante la Fase Liminal (o zona neutral) es el tiempo más provechoso en mi experiencia artística. Como alfarero, entiendo el proceso de crear cambio. Tomo un pedazo de barro, lo manejo con fuerza controlada, y con persuasión suave empiezo a formar el barro a través de varias etapas necesarias hacia un producto final que se convierte en una obra de arte emergente. En *Leadership Can Be Taught* (El liderazgo puede ser enseñado), Sharon Parks lo explica como:

> …una práctica de liderazgo que es menos como mandar y controlar y más como un arte. Lo que están practicando en construir teoría y enseñanza de casos, es mejor entendido como algo parecido a procesos de creatividad—evocando innovación y una forma más adecuada de ver. . . en un tiempo de cambio cultural extraordinario.[2]

Hay una razón por la que mis antepasados crearon ceremonias de Ritos de Paso. Conocían la importancia de lo ritual. Yo siempre he tenido que doblarme a las formas culturales del occidente para navegar y sobrevivir dentro de otra cultura. Afirmando la autenticidad de quien soy como persona nativa, puedo incluso—de una manera occidental—empezar a ver mi entendimiento cultural como una forma legítima de expresarme sin sentirme que soy raro, equivocado, o hasta retrasado. Usar los rituales conocidos de mi mundo puede mostrarnos a todos cómo vivir vidas más balanceadas. Roberta King subraya la importancia de rituales y costumbres nativos, diciendo, 'Frases que se usaba incluían 'enseñanza que toca hasta la profundidad de nuestros corazones', 'consejo', 'advertencia', 'muestra la forma que debemos caminar', y 'enséñanos cosas nuevas que todavía no hemos aprendido'.[3] Vivir en dos mundos creó una inquietud creciente en mi alma. El estilo dualista del cristianismo occidental creó un hueco en mi vida que fue llenado cuando empecé a caminar en mis formas culturales nativas.

---

[2] Parks, *Leadership Can Be Taught*, p. 208.
[3] Roberta R. King, *Pathways in Christian Music Communication: The Case of the Senufo of Cote D'Ivoire* (Eugene, OR: Pickwick Publications, 2009), p. 182.

Esta tensión interna fue formada por vivir en un mundo con las siguientes actitudes, según lo enumerado por Philip Jenkins:

> Los primeros conceptos de los blancos sobre la religión nativa generalmente oscilaban entre culto al diablo a simple paganismo, del cual debían ganarse los indios para Cristo. Al cambio de siglo, sin embargo, surgió un nuevo respeto por la religión nativa entre los intelectuales blancos, particularmente los antropólogos [y yo diría teólogos y misiólogos].[4]

Hay una percatación creciente de la necesidad de los pueblos indígenas a abrazar sus propias culturas. Como escribe Reggie McNeal, 'La cultura también sirve el propósito de Dios. La usa para formar los corazones de líderes espirituales. Significa que la cultura puede ser apreciada y estudiada por sus contribuciones como un drama que da forma al corazón en la historia de vida del líder'.[5]

Creando un equipo en la liminalidad

El proceso de construir y hacer crecer un equipo también involucra los principios del Rito de Paso. Primero entran al proceso, entonces experimentan una Fase Liminal de construir relaciones, después salen cuando el equipo esté construido y listo para avanzar. Crear un equipo empieza con entender el proceso.

Desarrollar un equipo requiere paciencia y sensibilidad, especialmente durante cambio y transición organizacional. En esta nueva etapa, creo que debemos '¡Tirarnos de cabeza! Sé fuerte, sueña nuevos sueños, honra el pasado, pero no vivas en el pasado. Dios tiene demasiado preparado para nosotros en las Tierras Prometidas que ha preparado para nuestro ministerio'.[6] Pero depende de nosotros si decidimos avanzar. El pasado estaba lleno de grandes momentos, pero aquellos tiempos contienen sombras de los tiempos bajos también. Yo era parte de muchos de los tiempos ministeriales positivos. Mientras estamos en la Fase Liminal de construir un equipo, yo sé que nunca debo denigrar el pasado.

---

[4] Philip Jenkins, *Dream Catchers: How Mainstream America Discovered Native Spirituality* (New York: Oxford University Press, 2004), p. 83.
[5] Reggie McNeal, *A Work of Heart: Understanding How God Shapes Spiritual Leaders,* (San Francisco: Jossey Bass, 2011), p. 73.
[6] Nelson and Appel, *How to Change Your Church*, p. xvii.

Pasar por la etapa liminal de cambio y transición me recuerda de una historia que escuché una vez sobre un nuevo pastor en una iglesia. Quería hacer cambios demasiado rápidos. Quería mover el piano al otro lado del escenario, entonces el domingo siguiente la congregación encontró el piano en otro lugar. ¡Ese pastor fue liberado para pastorear en otra parte! Otro pastor fue llamado y él quería hacer el mismo cambio. Un tiempo después el primer pastor retornó a la iglesia un domingo, y para su sorpresa, el piano estaba en el lado opuesto del escenario de la iglesia. Le preguntó al nuevo pastor cómo había logrado que la gente aceptara el cambio. Respondió, 'Cada semana moví el piano dos centímetros hacia el otro lado'. El cambio eficaz requiere tiempo y un paso cuidadoso.

Empujar el piano al otro lado de una vez fue demasiado, pero dos centímetros cada semana fue muy poco. Al hacer cambios y transiciones, una forma es empujar los límites en la Fase Liminal—esto puede suceder cuando necesitas catalizar un movimiento hacia adelante. Cuando empujas más allá de la zona de confort de la gente, puedes romper una barrera que puede preparar el camino para el cambio más allá del lugar donde están porque ahora el cambio está dentro de una nueva zona de confort.

Al estudiar el proceso de cambio en mi investigación, se hizo evidente que llevamos a los clientes de Vencedores por muchos cambios para empujarlos fuera de sus zonas de confort. La Fase Liminal es un tiempo que los lleva más lejos de lo que han ido antes y hace que el avanzar en la recuperación sea más aceptable. Lo mismo ocurre con el personal y los voluntarios en organizaciones como Wiconi y Vencedores, y con el liderazgo también. Es importante que tengamos en cuenta que las personas que están pasando por el cambio experimentan dolor real, así que tenemos que hacer que el cambio sea soportable. El ritmo del cambio es crítico sea en la recuperación de la adicción o pasar por cambios organizacionales o en el liderazgo.

Liderazgo para la fase liminal del cambio

Pasar por Ritos de Paso crea incomodidad, y buscamos respuestas para poder enfrentar mejor los problemas. Esto es lo que vio Richard Twiss y otros pueden ver y hacer dentro de sus contextos. Son personas 'llamadas de Dios' como líderes para la Fase Liminal de cambio.

Estos líderes liminales, como un chamán u otro líder especial en nuestro mundo nativo tradicional, caminan en los dos mundos de la fe cristiana y la tradicional. Cuando ocurren la transición y el cambio en nuestro propio mundo, muchas veces cuestionamos si vale la pena y nos volvemos ansiosos y frustrados. Cuando el cambio interrumpe el balance de nuestras vidas, recurrimos a estos líderes liminales que el Creador nos envía. Hemos supuesto que nuestros líderes espirituales ya entienden la formación espiritual y han aplicado estas disciplinas a sus propias vidas. Es una disciplina no enseñada en libros sino aprendido de la experiencia en y del ministerio contextual.

El ritmo del proceso de cambio es muy importante. Cuando estás liderando por un cambio tienes que visualizar llevar la gente por una zona 'intermedia' (Fase Liminal). Uno debe tomarse el tiempo para plantar la visión dentro de líderes claves antes de compartirla con todos, creando un proceso deliberado hacia el futuro preferido. Un líder tiene que involucrar a la gente para enfrentar desafíos, ajustar sus valores, cambiar perspectivas, y desarrollar nuevos hábitos de comportamiento. Todo esto y otras modificaciones a un individual o un grupo son necesarios para llevar a cabo una transición exitosa.

Un tiempo de liminalidad ofrece muchas oportunidades para crear 'mapas misionales'[7] que pueden sugerir caminos por adelante para Wiconi—y plantear respuestas a su situación ministerial cambiada. El periodo de no ser ni una cosa ni otra tiene un propósito para gente nativa—es en el núcleo de nuestros rituales y ceremonias. Muchas tradiciones nativas han encontrado formas de mirar con optimismo a los tiempos de transición. Cuando se tiene que tomar decisiones, miramos al Creador para respuestas y una guía. Cuando hemos perdido nuestra dirección buscamos una visión, y cuando crecen los niños tenemos ceremonias de Ritos de Paso llamadas ritos de la pubertad. 'Este lugar liminal les provee a los novatos una condición de limbo caótica de transición entre los estatus y roles claramente definidos de la niñez y los de la edad adulta en su sociedad'.[8] Las personas de toda edad necesitan estos tiempos transicionales. Algunos son esperados—y nos preparamos para ellos con rituales—

---

[7] Roxburgh, *The Missionary Congregation*, p. 23.
[8] A.H. Mathias Zahniser, *Symbol and Ceremony: Making Disciples Across Cultures* (Federal Way, WA: MARC Publications, 1997), pp. 92-93.

pero en el caso de la muerte buscamos sabiduría de nuestros ancianos que han lidiado con la muerte a través de los años.

Richard Twiss era un hombre brillante. Era consciente de su mortalidad—como todos debemos ser—y consideraba las generaciones futuras cuando tomaba decisiones. Le debemos mucho a Richard por tener la previsión para construir un equipo competente que puede llevar adelante a Wiconi—y continuar su deseo de impactar las generaciones venideras.

Puede ser difícil navegar la transición y el cambio en un ministerio contextual, pero las vidas de muchos de mis hermanos y hermanas nativos están en juego. Vale la pena el esfuerzo—y nuestra incomodidad—para ver su salvación, desarrollo espiritual, y liberación del cautiverio de todo tipo. Jesús creyó que valía la pena morir por ellos.

Cierro con las palabras conmovedoras de un gran líder nativo:

Jefe Tecumseh
(Shawnee, 1768-1813)

Vive tu vida de tal manera que el temor a la muerte
no pueda entrar nunca en tu corazón.
No molestes a nadie acerca de su religión;
respeta a los demás en su punto de vista,
y exige de ellos que respeten el tuyo.
Ama tu vida, perfecciónala,
embellece todas las cosas que hay en tu vida.
Busca prolongar tu vida y que su finalidad sea
al servicio de tu pueblo.
Prepara una canción de muerte noble para el día
que cruces la gran división.
Siempre da señal o palabra de saludo
cuando te encuentres o cruces con un amigo,
o incluso con un extraño, cuando estés en un lugar solitario.
Muestra respeto por todas las personas y no te sometas a ninguna.
Cuando te levantas por la mañana,
da gracias por la comida y por la alegría de vivir.
Si no ves razones para agradecer,
la culpa es solo tuya.

No abuses de nadie ni de nada,

pues el abuso convierte a los sabios en tontos
y roba el espíritu de su visión.
Cuando llegue tu hora de morir,
no seas como aquellos cuyos corazones están
llenos de temor de la muerte, para que cuando llegue su momento
lloran y oran para tener un poco más tiempo
para vivir la vida otra vez de manera diferente.
Canta tu canción de muerte
y muere como un héroe que regresa a casa.[9]

---

[9] Glenn Welker, 'Chief Tecumseh Shawnee', *Indigenous People,* December 10, 2013, Accessed June 2015, http://www.indigenouspeople.net/tecumseh.htm.

GLOSARIO

Casa de Sudor: Una choza, carpa, o caverna calentada por vapor de agua derramada sobre piedras calientes usada especialmente por nativos americanos para rituales o sudoración terapéutica.

Cedro: 'El cedro es una de las hierbas sagradas más importantes usado por los lakota y otros nativos americanos para ceremonias. La importancia y razón de su uso por los nativos americanos han sido reflejadas por varias culturas no relacionadas por todo el mundo. El cedro sirve para ayudar las visiones y para ayudar el cuerpo y la mente en tiempos de mucha ansiedad y estrés espiritual'.[1]

Ceremonia de Pipa: El uso del tabaco y el simbolismo del humo inspirado y ascendente son usados como un medio de comunicación entre el mundo de espíritus y los seres humanos.

Contextualización: 'Últimamente los misiólogos han optado por el término contextualización para describir esta tarea de entender, comunicar, y expresar nuestra fe de maneras culturalmente relevantes'.[2]

Formación espiritual: Dallas Willard define la formación espiritual en la primera frase de su artículo en *Life in the Spirit* (Vida en el Espíritu) como la '…transformación de los cristianos profesantes en semejanza a Cristo…'[3]

Hierba Dulce: 'La hierba dulce ha sido usado históricamente como una 'medicina' o planta ceremonial por los nativos americanos, especialmente los lakota (sioux), y también como material para tejer canastas. La hierba dulce es una planta muy

---

[1] Kerry Hughes, *The Incense Bible: Plant Scents That Transcend World Culture, Medicine, and Spirituality* (Philadelphia, PA: Haworth Press, 2001), p. 108.

[2] Douglas Hayward, 'The Foundation for Critical Contextualization: Preliminary Considerations for Doing Contextualization Among First Nations Christians', *Journal of North American Institute for Indigenous Theological Studies* 6 (2007), p. 144.

[3] Jeffrey Greenman and George Kalantzis, *Life in the Spirit: Spiritual Formation in Theological Perspective* (Downers Grove, IL: InterVarsity Press, 2010), p. 45.

importante en la cultura nativoamericana, y se usa para oración y en el *smudging*.[4]

Incienso: 'Se define el incienso como un material que se quema para producir un olor, normalmente fragante, y también se refiere al perfume o fumigación misma que se produce de la quema de plantas y otros materiales'.[5]

Liminalidad: Basado en la palabra del Latín que significa "umbral", la liminalidad es el periodo intermedio de un rito de paso cuando la persona ya no está definida por su vida antes del ritual pero todavía no ha empezado su vida pos-ritual. Es un tiempo 'entremedio'.

Nativo Americano/Nativo de Alaska/Primeras Naciones: Miembros de cualquier de los pueblos aborígenes del hemisferio occidental, especialmente de Norteamérica.

Pipa: Uno de los objetos ceremoniales centrales de muchos grupos nativoamericanos. Es considerado ser un microcosmos, sus partes y colores decorativos y diseños correspondiendo a las partes esenciales del universo. Se fuma en oración personal y en ritos colectivos.

Salvia: 'La salvia es una de la hierbas sagradas más importantes usada por los lakota y otros nativos americanos para ceremonias y rituales'.[6]

Sincretismo: 'El sincretismo significa simplemente tomar creencias y prácticas nativas no bíblicas y mezclarlas con creencias y prácticas cristianas de una manera que el sistema que resulta ha prestado de cada sistema contribuyente pero no es puramente ni uno ni el otro'.[7]

Smudging: 'El *smudge* es una ceremonia de limpieza o purificación que limpia el cuerpo, alma, y espíritu. Se lleva a cabo al prender fuego a la salvia, hierba dulce, o cedro, y después apagando el fuego se humea en una concha. Para obtener la limpieza, la persona nativa jala el humo sobre sí mismo mientras la

---

[4] Hughes, *The Incense Bible*, p. 8.
[5] Hughes, *The Incense Bible*, p. 139.
[6] Hughes, *The Incense Bible*, p. 135.
[7] Terry LeBlanc, 'Culture, Faith and Mission: Creating the Future', *Journal of North American Institute for Indigenous Theological Studies* 1 (2003), p. 153.

persona que quema la salvia abanica el humo con una pluma de águila o abanico para mover el humo'.[8]

Tabaco: 'De todas las plantas, ninguna era más apta que el tabaco para introducir la paz o transportar los pensamientos y oraciones del hombre a Kitche Manitou (Gran Espíritu). En primer lugar el tabaco fue un regalo del espíritu. En segundo lugar el tabaco era por naturaleza como un incienso con un sabor dulce y fragante al olfato. Ninguna otra planta está dotada de tales cualidades'.[9]

---

[8] Corky Alexander, *Native American Pentecost: Praxis, Contextualization, Transformation* (Cleveland, TN: Cherohala Press, 2012), p. 54.

[9] Basil Johnston, *Ojibway Heritage* (Toronto, ON, Canada: McClelland & Stewart, 2011), p. 43.

Apéndice: La historia de Wiconi International

Richard y Katherine Twiss fueron guiados por el Señor y convencidos que el ministerio nativo dirigido en un estilo occidental había sido ineficaz en gran parte, y que tenía que haber una mejor manera de alcanzar a personas nativas para Cristo. Richard salió de trece años de pastorear una congregación de pura gente blanca para fundar Wiconi International con su esposa Katherine. Él veía que la mayoría de los nativos americanos necesitaban conocer a Cristo al experimentarlo a través de un acercamiento apropiado y culturalmente relevante. Richard y Katherine anhelaban ver la realización del cambio y la transición contextual. Richard era un líder dotado y podía motivar a otros a unirse con sus causas.

Hace muchos años cuando Richard estaba pastoreando su iglesia, el Señor le dio la visión para crear un ministerio que podría alcanzar a los nativos americanos de una manera muy diferente a la que se había intentado antes. Así comenzó Wiconi International en Vancouver, Washington. Este evento de cambio de vida comenzaría un camino que influiría en las vidas de muchos otros líderes nativos quienes sentían la misma visión ministerial. Richard y Katherine ministraron a través de Wiconi de 1997 hasta que se murió Richard en 2013.

En 1999 Wiconi empezó un compromiso grande con la formación de las conferencias Muchas Naciones, Una Voz (MN1V) realizadas en todo el país. Cuando pararon estas conferencias en 2004, Wiconi inició el Campamento Familiar. Cada decisión de una etapa de la vida de Wiconi a otra estaba considerada con discernimiento, confirmación, y oración.

Hubo una última ocasión en el ministerio de Richard cuando él pasó tiempo buscando la guía del Señor para Wiconi. Richard convocó un grupo central de colegas para pasar un fin de semana en oración y conversación sobre el futuro de Wiconi. Uno de los resultados de esa reunión fue que Richard decidió trabajar más en su propia comunidad y viajar menos. Fue una decisión difícil porque las invitaciones a dar charlas era una fuente de ingreso. Entonces Richard cambió su dirección y se involucró más en su comunidad local. Esto fue uno de los últimos cambios grandes que hizo en el enfoque del ministerio de Wiconi.

En 2009, Richard conoció a J.R. Lilly, un joven navajo muy talentoso, y fue su mentor hasta el 2012 cuando J.R. se convirtió en su asistente personal. J.R. servía bien a Richard y la organización de Wiconi y ayudó a Wiconi por el proceso de transición.

La próxima etapa para Wiconi

El fallecimiento de Richard Twiss dejó y hueco grande en el liderazgo de Wiconi como organización. Había que tomar decisiones sobre su futuro. Este tiempo transicional nos llevó a una Fase Liminal donde la transición y el cambio eran necesarios. ¿Pero qué sería la próxima etapa para Wiconi?

Por un año nos quedamos ritualmente en el estado de 'limbo' por tomar lo que se llama en las tradiciones nativoamericanas 'luto por la muerte de un ser querido'. El periodo de luto dura un mínimo de un año desde el día de la muerte, pero a veces dura varios años. Durante ese año, muchos de los líderes y seguidores de Wiconi en ministerios locales participaron en sus tradiciones nativas de luto, como cortarse el cabello y no decir el nombre de la persona. Son tiempos transicionales cuando el tiempo que pasa en una Fase Liminal (zona neutral) puede darnos la oportunidad de lidiar con cambios inmensos.

A pesar de nuestro duelo, logramos que el Campamento Familiar 2013 sea lo más agradable posible, dando el respeto debido a la vida de Richard Twiss. Cuando asistió los Campamentos Familiares Wiconi anteriores, Richard siempre se sentó en la misma silla durante los eventos en el auditorio. Después de su muerte, le honramos al poner una manta en su silla para representar su presencia durante nuestras presentaciones y eventos. Además, en el *powwow* hicimos lo mismo y pusimos la silla tapada con la manta en el círculo del *powwow*. Haciendo esto, creamos rituales tradicionales para empezar nuestra transición a un Campamento Familiar/*Powwow* Wiconi sin nuestro líder difunto.

El tiempo 'intermedio' de Wiconi después de la muerte de Richard fue ejemplificado por lo que él dijo, 'No somos lo que éramos y todavía nos estamos convirtiendo en lo que seremos. En este tiempo intermedio experimentamos confusión, pérdida profunda, miedo, lo desconocido, la búsqueda y la desesperación'.[1]

En enero 2014, cerca de un año después de la muerte de Richard, el personal y la junta actual, amigos de Wiconi, y líderes contextuales claves se reunieron por un fin de semana para deliberar sobre qué será el llamado principal de Dios para la continuación de los ministerios principales de Wiconi. Nos animó la escritura que afirma que creemos que Dios 'puede hacer muchísimo más que todo lo que podamos imaginarnos o pedir, por el poder que obra eficazmente en nosotros' (Efesios 3:20). Necesitamos confiar en Dios y no limitarlo. Sabíamos que habría muchos desafíos más en nuestro futuro.

Buscar un nuevo liderazgo requirió planificación razonada. A lo largo del año después de la muerte de Richard, hablé con varias personas del liderazgo de Wiconi y ofrecí ayudar de cualquier forma para asegurar que continuara Wiconi International. Yo ya había planificado trabajar con el personal para asegurar que el Campamento Familiar Wiconi tomara lugar como normal en ese primer año. Durante ese tiempo mi trabajo secular llegó a un final abrupto, dejándome desempleado.

Como siempre en mi vida, el final de una situación de vida prepara el terreno para un nuevo comienzo. Algunas tradiciones como esta no son planificadas—de repente ocurren. Y ahora aquí estoy, director de Wiconi. Me han dado una gran oportunidad. A veces puedes trabajar dura para crear oportunidades—otras veces todo te es dado.

Estoy asombrado cuando veo como el movimiento del ministerio contextual se ha difundido y como yo he crecido en mi entendimiento—al realizar el proceso que he tenido que pasar. Así que los finales, las Fases Liminales (zonas neutrales), y los comienzos tienen un lugar continuo en el ciclo de vida de una organización. Wiconi empezó como la creación de Richard Twiss. Tomó una posición y soñó de una organización que podría impactar grandemente en las vidas de nativos americanos, sus familias, y comunidades—'creando un futuro preferido'. La transición organizacional que pasó Wiconi fue monitoreada y planificada a través de mirar atrás hacia el pasado y adelante hacia el futuro.

---

[1] Twiss, 'Rescuing Theology from the Cowboys', p. 35.

Tengo que decir algo en cuanto a un sueño que tuve mientras pensaba en los cambios y transiciones involucrados en entrar al ministerio con Wiconi. Yo había estado pensando sobre mi lugar en Wiconi y lo que podría significar llevar adelante la visión del ministerio de Richard Twiss. En el sueño me reuní con Richard y charlamos un rato. Finalmente le pregunté, '¿Qué debo hacer? ¿Cómo puedo honrar tu vida y legado a través de mi vida mientras ayudo dar continuidad a tu trabajo de vida con Wiconi? Él se quedó sentado un rato y miró al cielo. Entonces me dijo estas palabras: 'Casey, toda la vida es una bendición de Dios. Haz que tu familia sea una prioridad porque tus hijos crecerán tan rápido y estarán viviendo por sí mismos antes de que te des cuenta. No te tomes la vida tan en serio, pero sí tómate muy en serio a Dios. Disfruta de tu tiempo trabajando por el Señor, diviértete a veces en el camino, y disfruta el viaje'.

Migwetch (Gracias), Richard. ¡Lo haré!

Bibliografía

Alexander, Corky, *Native American Pentecost: Praxis, Contextualiza-tion, Transformation* (Cleveland, TN: Cherohala Press, 2012).

American Heritage College Dictionary (Boston, MA: Houghton Miff-lin, 1985).

Barna, George, *Evangelism That Works* (Ventura, CA: Regal Books, 1995).

Bridges, William, *Managing Transitions: Making Sense of Life's Changes* (Boston, MA: Da Capo Press, 2004).

—*Managing Transitions: Making the Most of Change* (Boston, MA: Da Capo Press, 2009).

Chand, Samuel R. and Cecil B. Murphey, *Futuring: Leading Your Church Into Tomorrow* (Grand Rapids, MI: Baker Books, 2002).

Charisma House Staff and Passio Faith, *The Spiritual Warfare Bible: Modern English Version* (Lake Mary, FL: Charisma House, 2014).

Gilliland, Dean S., *Pauline Theology and Mission Practice* (Eugene, OR: Wipf and Stock Publishers, 1996).

Greenman, Jeffrey and George Kalantzis, *Life in the Spirit: Spiritual Formation in Theological Perspective* (Downers Grove, IL: InterVarsity Press, 2010).

Hayward, Douglas, 'The Foundation for Critical Contextualization: Preliminary Considerations for Doing Contextualization Among First Nations Christians', *Journal of North American Institute for Indigenous Theological Studies* 6 (2008), pp. 59-77.

Heifetz, Ronald A. and Marty Linsky, *Leadership on the Line: Staying Alive Through the Dangers of Leading* (Cambridge, MA: Harvard Business Review Press, 2013).

Heifetz, Ronald A., Marty Linsky and Alexander Grashow, *The Practice of Adaptive Leadership: Tools and Tactics for Changing Your*

Organization and the World (Cambridge, MA: Harvard Business Review Press, 2013).

Hiebert, Paul G. and R. Daniel Shaw, *Understanding Folk Religion* (Grand Rapids, MI: Baker Academic, 2000).

Hiebert, Paul G., *Anthropological Insights for Missionaries* (Grand Rapids, MI: Baker Academic, 1986).

Hughes, Kerry, *The Incense Bible: Plant Scents That Transcend World Culture, Medicine, and Spirituality* (Philadelphia, PA: Haworth Press, 2007).

Hybels, Bill, *Courageous Leadership: Field-Tested Strategy for the 360° Leader* (Grand Rapids, MI: Zondervan, 2012).

Jenkins, Philip, *Dream Catchers: How Mainstream America Discovered Native Spirituality* (New York: Oxford University Press, 2004).

Johnston, Basil, *Ojibway Heritage* (Toronto, Ontario: McClelland & Stewart, 2011).

King, Roberta R., *Pathways in Christian Music Communication: The Case of the Senufo of Cote D'Ivoire* (Eugene, OR: Pickwick Publi-cations, 2009).

LeBlanc, Terry, 'Culture, Faith and Mission: Creating the Future'. *The Journal of the North American Institute for Indigenous Theological Studies* 1 (2003), pp. 149-77.

Lingenfelter, Sherwood G., *Agents of Transformation: A Guide for Effective Cross-Cultural Ministry* (Grand Rapids, MI: Baker Academic, 1996).

—*Leading Cross-Culturally: Covenant Relationships for Effective Christian Leadership* (Grand Rapids, MI: Baker Academic, 2008).

—*Transforming Culture: A Challenge for Christian Mission* (Grand Rapids, MI: Baker Academic, 1998).

Mahdi, Louise C., Steven Foster and Meredith Little, *Betwixt & Between: Patterns of Masculine and Feminine Initiation* (Peru, IL: Open Court, 1987).

Mayhall, C. Wayne, 'Effective Evangelism: To Know Christ and to Make Him Known', *Christian Research Institute* 31.4 (2008).

McNeal, Reggie, *A Work of Heart: Understanding How God Shapes Spiritual Leaders* (San Francisco, CA: Jossey Bass, 2011).

Medicine, Beatrice and Sue-Ellen Jacobs, *Learning to Be an Anthropologist and Remaining Native: Selected Writings* (Champaign, IL: University of Illinois Press, 2001).

Neill, Stephen and the Rev. Owen Chadwick, *A History of Christian Missions* (New York: Penguin Books, 1990).

Nelson, Alan and Gene Appel, *How to Change Your Church (Without Killing It)* (Nashville, TN: Thomas Nelson Publishing Group, 2000).

Parks, Sharon D., *Leadership Can Be Taught: A Bold Approach for a Complex World* (Cambridge, MA: Harvard Business Review Press, 2013).

Plueddemann, James E., *Leading Across Cultures: Effective Ministry and Mission in the Global Church* (Downers Grove, IL: InterVarsity Press, 2009).

Pratt, Richard H., 'The Official Report of the Nineteenth Annual Conference of Charities and Correction, 1892', in *Americanizing the American Indians: Writings by the 'Friends of the Indian'* (Cambridge, MA: Harvard University Press, 1973), pp. 46-59.

Richardson, Rick, *Evangelism Outside the Box: New Ways to Help People Experience the Good News* (Downers Grove, IL: Inter-Varsity Press, 2009).

Robbins, Harvey and Michael Finley, *Why Change Doesn't Work: Why Initiatives Go Wrong and How to Try Again–And Succeed* (Albany, NY: Petersons, 1997).

Rogers, Everett, *Diffusion of Innovations* (New York: Free Press, 2010).

Roxburgh, Alan J., *The Missionary Congregation, Leadership, and Liminality* (New York: Bloomsbury Academic, 1997).

Smith, Craig Stephen and Bill McCartney, *Whiteman's Gospel* (Winnipeg, Manitoba: Intertribal Christian Communications, 1998).

Southerland, Dan, *Transitioning: Leading Your Church Through Change* (Grand Rapids, MI: Zondervan, 2002).

Turner, Victor, *The Ritual Process: Structure and Anti-Structure* (Piscataway, NJ: Transaction Publishers, Rutgers, 1969 reprinted 2008).

Twiss, Richard, *One Church, Many Tribes: Following Jesus the Way God Made You* (Ventura, CA: Regal Books, 2000).

—*Rescuing the Gospel from the Cowboys: A Native American Expression of the Jesus Way* (Downers Grove, IL: InterVarsity Press, 2015).

— 'Rescuing Theology from the Cowboys: An Emerging Indigenous Expression of the Jesus Way in North America' (DMin, Asbury Theological Seminary, Wilmore, KY, 2011).

van Gennep, Arnold, *The Rites of Passage* (London: Routledge, 1909).

Welker, Glenn, 'Chief Tecumseh Shawnee', *Indigenous People,* December 10. Accessed June 2015. http://www.indigenous people.net/tecumseh.htm.

White, James Emery and L. Ford, *Rethinking the Church: A Challenge to Creative Redesign in an Age of Transition* (Grand Rapids, MI: Baker Books, 2003).

Whiteman, Darrell L., *Anthropology and Mission: The Incarnational Connection* (Chicago, IL: CCGM Publishing, 2003).

Zahniser, A.H. Mathias, *Symbol and Ceremony: Making Disciples Across Cultures: Innovations in Mission* (Federal Way, WA: MARC Publications, 1997).

www.ingramcontent.com/pod-product-compliance
Lightning Source LLC
LaVergne TN
LVHW020932090426
835512LV00020B/3322